胡适作品系列

胡适作品系列

哲学与人生：
胡适演讲集（四）

北京大学出版社
PEKING UNIVERSITY PRESS

图书在版编目（CIP）数据

哲学与人生：胡适演讲集（四）／胡适著．—北京：北京大学出版社，2013.8

（胡适作品系列）

ISBN 978-7-301-22199-0

Ⅰ.①哲…　Ⅱ.①胡…　Ⅲ.①胡适（1891～1962）-演讲-文集　Ⅳ.①C52

中国版本图书馆 CIP 数据核字（2013）第 030430 号

书　　　名：哲学与人生：胡适演讲集（四）
著作责任者：胡　适 著
责 任 编 辑：任　慧
标 准 书 号：ISBN 978-7-301-22199-0/I·2601
出 版 发 行：北京大学出版社
地　　　址：北京市海淀区成府路 205 号　100871
网　　　址：http://www.pup.cn　新浪官方微博：@北京大学出版社
电 子 信 箱：pkuwsz@126.com
电　　　话：邮购部 62752015　发行部 62750672
　　　　　　编辑部 62756467　出版部 62754962
印　刷　者：北京中科印刷有限公司
经　销　者：新华书店
　　　　　　890 毫米×1240 毫米　32 开本　7.125 印张　128 千字
　　　　　　2013 年 8 月第 1 版　2021 年 5 月第 5 次印刷
定　　　价：39.00 元

未经许可，不得以任何方式复制或抄袭本书之部分或全部内容。
版权所有，侵权必究
举报电话：010-62752024　电子信箱：fd@pup.pku.edu.cn

1933年胡适在北平。

1959年,胡适在南港住所校勘《水经注》。

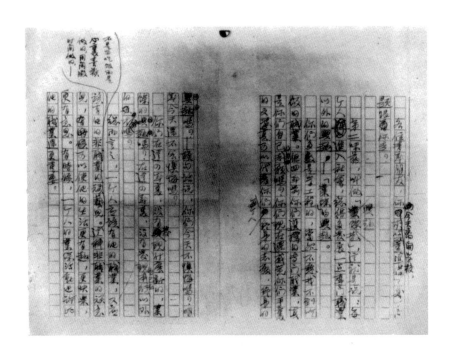

1960年6月18日胡适对成功大学毕业生的演讲。
图为《一个防身药方的三味药》讲稿。

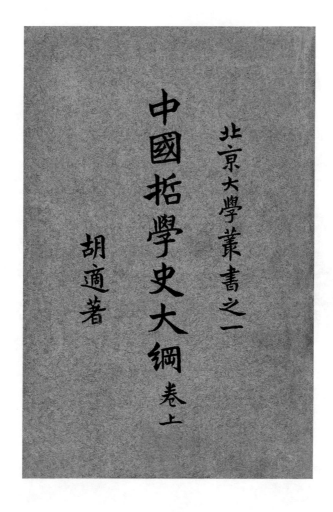

胡适著《中国哲学史大纲》(卷上),1919年2月由上海商务印书馆出版。

國 立 北 京 大 學
NATIONAL PEKING UNIVERSITY
PEIPING CHINA

胡適字適之，安徽績溪縣人，1891年十二月生。
上海 梅溪學堂肄業，澄衷學堂肄業，中國公學畢業，
　　中國新公學畢業。
1910（宣統二年）考取第二屆留學美國官費。
1910—15，在 Cornell 大學，得 B.A. 學位 (1914)。
1915—17，在 Columbia 大學，得 Ph.D 學位。
1917—歸國，任北京大學哲學教授，兼英文系主任。
1926—27，遊歷歐美。
1928—1930，吳淞中國公學校長，兼任東吳大學法科
　　及光華大學中國哲學史講座。
1930—回北平，任中英庚款諮詢委員會，兼任北大教授。
1932—1937，北大文學院院長兼中國文學系主任。
1933—遊美國，在 Chicago 大學擔任 Haskell 講演。
1936—遊美國，參加 Harvard 大學三百年紀念盛典。
1937—1938，奉政府命赴歐美諸國宣告去美國，考察歐
　　美各國對我國抗戰的態度。
1938 夏國在歐洲，受政美大使的任命。
1938十月至1942九月，任駐美大使。
1944—45，在 Harvard 大學教授中國思想史。
1945—1946在 Columbia 大學教授中國思想史(一學期)。
1946，二月在 Cornell 大學擔任 Messenger 講演。
1945 九月，政府發表為北京大學校長。
1946 七月回國。七月底到北大。

名譽學位：
　　Litt.D. (Harvard 等大學)
　　LL.D. (Columbia, Yale, Chicago 等大學)
　　D.C.L. (Oxford 等大學)

1946年7月，胡适任北京大学校长所填履历表。

N.Y. Times
Sept 22, 1945

Course on Chinese Taught

Dr. Hu Shih, who was Chinese Ambassador to the United States from 1938 to 1942, will give a course on the history of Chinese thought during the coming winter session at Columbia University, Dr. Nicholas Murray Butler, president of the university, announced yesterday.

1945年9月22日,《纽约时报》发表的一则关于胡适在哥大讲授"中国思想史"课程的新闻。

出版说明

胡适是二十世纪中国最具国际声誉的学者、思想家和教育家。他在文、史、哲等学科都取得了巨大的成就，是"五四"以来影响中国文化学术最深的历史人物。他活跃于社会政治领域，是中国自由主义最具诠释力的思想家。胡适在北京大学从事教学工作长达十八年，曾任北京大学文学院院长、校长等职。他对北大情有独钟，遗嘱中交代将他留在大陆的书籍和文件捐赠给北大图书馆。为反映这位文化巨人一生博大精深的文化建树，本社在北大百年校庆的1998年曾隆重推出一套大型胡适作品集——《胡适文集》（12册），对所收作品均作了文字订正和校勘，其中有一部分作品，采用了胡适本人后来的校订本或北大的收藏本，具有很高的文献价值，受到学界和广大读者的欢迎。

因文集早已售缺，多年来，一直有要求重印的呼声。此次重印，此套书的编者欧阳哲生先生又精心做了许多工作，包括对照已出各种版本的优长，重核胡适本人原始和修订版的文字等，力求呈现最接近大师本人原意的文字面貌。为方便读者阅读，我们从《胡适文集》之中精选部分内容,另外推出"胡适作品系列"。

胡适曾说,哲学是他的职业,文学是他的兴趣,政治是他的义务。演讲应是他传达思想信念的工具。胡适早在康奈尔大学二年级时就选修演讲技巧的课程,自此培养出对演说的兴趣,开始了长达四五十年的讲演生涯。胡适是一位擅长演讲的大师,梁实秋称誉胡适的演讲具有"邱吉尔风度",他的演讲题材从说教的人生意义话题,到枯燥的学术问题辨析,从敏感的政治文化热点问题,到冷僻的个案研究介绍,胡适都能通过一场生动、通俗的演讲,打动周围的听众,使听过他讲话的人对他永生难忘。本书主要收录与科学、文化、人生有关的演讲、谈话记录或讲稿。

由于所处环境不同,研究视角与方法不同,本书对某些具体问题的描述和解释,与通行说法有不尽相同之处,对这些说法,我们未作删改,这并不代表我们完全同意作者的说法,请读者在阅读时认真鉴别。本书的人名、地名、标点等,有的与现行用法不同,为保存原貌,亦未加修改。

限于编辑水平,难免存在错漏之处,欢迎读者多提宝贵意见。

北京大学出版社
2013年5月

目 录

一个防身药方的三味药 / 1

"少年中国"的精神 / 8

女子问题 / 14

人生问题 / 21

工程师的人生观 / 25

科学的人生观 / 33

哲学与人生 / 39

打破浪漫病 / 45

究竟在这二十三年里做些什么 / 49

在上海文教界欢迎会上的讲话 / 53

在同乐会的演说 / 58

研究社会问题底方法 / 62

新闻独立与言论自由 / 79

辩冤白谤为第一天理 / 87

报业的真精神	/ 94
新闻记者的修养	/ 102
大宇宙中谈博爱	/ 108
纪念林肯的新意义	/ 111
怕老婆的故事	/ 116
谈谈四健会的哲学	/ 118
太平洋会的规律	/ 124
太平洋学会	/ 129
海外杂感	/ 134
太平洋国际之认识与感想	/ 138
海外归来之感想	/ 141
迎头赶上世界先进国家	/ 146
在中研院第一届院士会议上的讲话	/ 150
眼前世界文化的趋向	/ 153
当前中国文化问题	/ 163
中国文化里的自由传统	/ 175
就任中央研究院院长典礼致词	/ 180
基本科学研究与农业	/ 184
终身做科学实验的爱迪生	/ 198
科学发展所需要的社会改革	/ 205

一个防身药方的三味药

毕业班的诸位同学，现在都得离开学校去开始你们自己的事业了，今天的典礼，我们叫作"毕业"，叫作"卒业"，在英文里叫作"始业"（Commencement），你们的学校生活现在有一个结束，现在你们开始进入一段新的生活，开始撑起自己的肩膀来挑自己的担子，所以叫作"始业"。

我今天承毕业班同学的好意，承阎校长的好意，要我来说几句话，我进大学是在五十年前（1910），我毕业是在四十六年前（1914），够得上做你们的老大哥了，今天我用老大哥的资格，应该送你们一点小礼物，我要送你们的小礼物只是一个防身的药方，给你们离开校门，进入大世界，作随时防身救急之用的一个药方。

这个防身药方只有三味药：

第一味药叫做"问题丹"。

第二味药叫做"兴趣散"。

第三味药叫做"信心汤"。

第一味药,"问题丹",就是说:每个人离开学校,总得带一两个麻烦而有趣味的问题在身边作伴,这是你们入世的第一要紧的救命宝丹。

问题是一切知识学问的来源,活的学问、活的知识,都是为了解答实际上的困难,或理论上的困难而得来的。年轻入世的时候,总得有一个两个不大容易解决的问题在脑子里,时时向你挑战,时时笑你不能对付他,不能奈何他,时时引诱你去想他。

只要你有问题跟着你,你就不会懒惰了,你就会继续有智识上的长进了。

学堂里的书,你带不走;仪器,你带不走;先生,他们不能跟你去,但是问题可以跟你走到天边!有了问题,没有书,你自会省吃省穿去买书;没有仪器,你自会卖田卖地去买仪器!没有好先生,你自会去找好师友;没有资料,你自会上天下地去找资料。

各位青年朋友,你今天离开学校,夹袋里准备了几个问题跟着你走?

第二味药,叫做"兴趣散",这就是说:每个人进入社会,总得多发展一点专门职业以外的兴趣——"业余"的兴趣。

你们多数是学工程的,当然不愁找不到吃饭的职业,但四年前你们选择的专门职业,真是你们自己的自由志愿吗?你们现在还感觉你们手里的文凭真可以代表你们每个人终身的志愿,终身的兴趣吗?——换句话说,你们今天不懊悔吗?明年今天还不会懊悔吗?

你们在这四年里,没有发现什么新的、业余的兴趣吗?在这四年里,没有发现自己在本行以外的才能吗?

总而言之,一个人应该有他的职业,又应该有他的非职业的玩意儿。不是为吃饭而是心里喜欢做的,用闲暇时间做的,——这种非职业的玩意儿,可以使他的生活更有趣,更快乐,更有意思,有时候,一个人的业余活动也许比他的职业还更重要。

英国十九世纪的两个哲学家,一个是弥尔(J. S. Mill),他的职业是东印度公司的秘书,他的业余工作使他在哲学上、经济学上、政治思想史上,都有很大的贡献。一个是斯宾塞(Herbert Spencer),他是一个测量工程师,他的业余工作使他成为一个很有势力的思想家。

英国的大政治家邱吉尔,政治是他的终身职业,但他的业余兴趣很多,他在文学、历史,两方面,都有大成就;他用余力作油画,成绩也很好。

今天到自由中国的贵宾,美国大总统艾森豪先生,他的终身职业是军事,人都知道他最爱打高尔夫球,但我们知道他的油画也很有工夫。

各位青年朋友,你们的专门职业是不用愁的了,你们的业余兴趣是什么?你们能做的,爱做的业余活动是什么?

第三味药,我叫他做"信心汤",这就是说:你总得有一点信心。

我们生存在这个年头,看见的、听见的,往往都是可以叫我们悲观、失望的——有时候竟可以叫我们伤心,叫我们发疯。

这个时代,正是我们要培养我们的信心的时候,没有信心,我们真要发狂自杀了。

我们的信心只有一句话:"努力不会白费",没有一点努力是没有结果的。

对你们学工程的青年人,我还用多举例来说明这种信心吗?工程师的人生哲学当然建筑在"努力不白费"的定律的基石之上。

我只举这短短几十年里大家都知道的两个例子:

一个是亨利福特(Henry Ford),这个人没有受过大学教育,他小时半工半读,只读了几年书,十六岁就在一小机器店里作工,每周工钱两块半美金,晚上还得去帮别家做夜工。

五十七年前(1903)他三十九岁,他创立Ford Motor Co.(福特汽车公司），原定资本十万元，只招得两万八千元。

五年之后（1908），他造成了他的最出名的model T汽车，用全力制造这一种车子。

1913年——我已在大学三年级了，福特先生创立他的第一副"装配线"（Assembly line）。

1914年，——四十六年前，——他就能够完全用"装配线"的原理来制造他的汽车了。同时（1914）他宣布他的汽车工人每天只工作八点钟，比别处工人少一点钟——而每天最低工钱五元美金，比别人多一倍。

他的汽车开始是九百五十元一部，他逐年减低卖价，从九百五十元直减到三百六十元——第一次世界大战之后，减到二百九十元一部。

他的公司，在创办时（1903）只有两万八千元的资本，——到二十三年之后（1926）已值得十亿美金了！已成了全世界最大的汽车公司了。1915年，他造了一百万部汽车，1928年，他造了一千五百万部车。

他的"装配线"的原则在二十年里造成了全世界的"工业新革命"。

福特的汽车在五十年中征服全世界的历史还不能叫我们发生"努力不白费"的信心吗？

第二个例子是航空工程与航空工业的历史。

也是五十七年前——1903年12月17，正是我十二整岁的生日，——那一天，在北加罗林那州的海边Kitty Hawk（基帝霍克）沙滩上，两个修理脚踏车的匠人，兄弟两人，用他们自己制造的一只飞机，在沙滩上试起飞，弟弟叫Owille Wright，他飞起了十二秒钟。哥哥叫Wilbur Wright，他飞起了五十九秒钟。

那是人类制造飞机飞在空中的第一次成功，——现在那一天（12月17日）是全美国庆祝的"航空日"——但当时并没有人注意到那两个弟兄的试验，但这两个没有受过大学教育的脚踏车修理匠人，他们并不失望，他们继续试飞，继续改良他们的飞机，一直到四年半之后（1908年5月），才有重要的报纸来报导那两个人的试飞，那时候，他们已能在空中飞三十八分钟了！

这四十年中，航空工程的大发展，航空工业的大发展，这是你们学工程的人都知道的，航空工业在最近三十年里已成了世界最大工业的一种。

我第一次看见飞机是在1912年。我第一次坐飞机是在1930年（30年前）。我第一次飞过太平洋是在二十三年前（1937）；第一次飞过大西洋是在十五年前（1945年），当我第一次飞渡太平洋的时候，从香港到旧金山总共费了七天！去年我第一次坐Jet机，从旧金山到纽约，五个半钟点飞了三千英里!下月初,我又得飞过太平洋,当天中午起飞,当天晚上就到美国西岸了!

五十七年前,Kitty Hawk沙滩上两个脚踏车修理匠人自造的一个飞机居然在空中飞起了十二秒钟,那十二秒钟的飞行就给人类打开了一个新的时代,——打开了人类的航空时代。

这不够叫我们深信"努力不会白费"的人生观吗?

古人说:"信心可以移山"(Faith moves mountains),又说:"功不唐捐"(唐是空的意思),又说:"只要功夫深,生铁磨成绣花针。"

青年的朋友,你们有这种信心没有?

(本文为1960年6月18日胡适在台南成功大学毕业典礼上的演讲,原载1960年6月19日台北《"中央"日报》)

"少年中国"的精神

上回太炎先生话里面说现在青年的四种弱点,都是很可使我们反省的。他的意思是要我们少年人:(一)不要把事情看得太容易了;(二)不要妄想凭借已成的势力;(三)不要虚慕文明;(四)不要好高骛远。这四条都是消极的忠告。我现在且从积极一方面提出几个观念,和各位同志商酌商酌。

一、少年中国的逻辑　逻辑即是思想、辩论、办事的方法;一般中国人现在最缺乏的就是一种正当的方法。因为方法缺乏,所以有下列的几种现象:(一)灵异鬼怪的迷信,如上海的盛德坛及各地的各种迷信;(二)谩骂无理的议论;(三)用诗云子曰作根据的议论;(四)把西洋古人当作无上真理的议论;还有一种平常人不很注意的怪状,我且称他为"目的热",就是迷信一些空虚的大话,认为高尚的目的。全不问这种观念的意义究竟如何。今天有人说:"我主张统一和平"，大家齐声喝采，就请他做内阁总理；明天又有人说："我主张和平统一"，大家又齐声叫好，就举他做大总统；此外还有什么"爱国"哪，"护法"哪，"孔教"哪，"卫道"哪……许多空虚的名词；意义不曾确定，也都有许多人随声附和，认为天经地义，这便是我所说的"目的热"；以上所说各种现象都是缺乏方法的表示。我们既然自认为"少年中国"，不可不有一种新方法；这种新方法，应该是科学的方法。科学方法，不是我在这短促时间里所能详细讨论的，我且略说科学方法的要点：

第一、注重事实　科学方法是用事实作起点的，不要问孔子怎么说，柏拉图怎么说，康德怎么说；我们须要先从研究事实下手，凡游历、调查、统计等事都属于此项。

第二、注重假设　单研究事实，算不得科学方法。王阳明对着庭前的竹子做了七天的"格物"工夫，格不出什么道理来，反病倒了，这是笨伯的"格物"方法。科学家最重"假设"（Hypothesis）。观察事物之后，自然有几个假定的意思；我们应该把每一个假设所涵的意义澈底想出，看那些意义是否可以解释所观察的事实、是否可以解决所遇的疑难。所以要博学；正是因为博学方才可以有许多假设，学问只是供给我们种种假设的来源。

第三、注重证实　许多假设之中，我们挑出一个，认为最合用的假设。但是这个假设是否真正合用？必须实地证明。有时候，证实是很容易的；有时候，必须用"试验"方才可以证实。证实了的假设，方可说是"真"的，方才可用。一切古人今人的主张、东哲西哲的学说，若不曾经过这一层证实的工夫，只可作为待证的假设，不配认作真理。

少年的中国，中国的少年，不可不时时刻刻保存这种科学的方法，实验的态度。

二、少年中国的人生观 现在中国有几种人生观都是"少年中国"的仇敌：第一种是醉生梦死的无意识生活，固然不消说了；第二种是退缩的人生观，如静坐会的人，如坐禅学佛的人，都只是消极的缩头主义；这些人没有生活的胆子，不敢冒险，只求平安，所以变成一班退缩懦夫；第三种是野心的投机主义，这种人虽不退缩，但为完全自己的私利起见，所以他们不惜利用他人，作他们自己的器具，不惜牺牲别人的人格和自己的人格，来满足自己的野心，到了紧要关头，不惜作伪，不惜作恶，不顾社会的公共幸福，以求达他们自己的目的。这三种人生观都是我们该反对的。少年中国的人生观，依我个人看来，该有下列的几种要素：

第一须有批评的精神　一切习惯、风俗、制度的改良，都起于一点批评的眼光。个人的行为和社会的习俗，都最容易陷入机械的习惯，到了"机械的习惯"的时代，样样事都不知不觉的做去，全不理会何以要这样做，只晓得人家都这样做故我也这样做。这样的个人便成了无意识的两脚机器，这样的社会便成了无生气的守旧社会，我们如果发愿要造成少年的中国，第一步便须有一种批评的精神；批评的精神不是别的，就是随时随地都要问我为什么要这样做？为什么不那样做？

第二须有冒险进取的精神　我们须要认定这个世界是很多危险的，是不太平的，是需要冒险的。世界的缺点很多，是要我们来补救的；世界的痛苦很多，是要我们来减少的；世界的危险很多，是要我们来冒险进取的，俗语说得好："成人不自在，自在不成人。"我们要做一个人，岂可贪图自在；我们要想造一个"少年的中国"，岂可不冒险；这个世界是给我们活动的大舞台，我们既上了台，便应该老着面皮，拼着头皮，大着胆子，干将起来；那些缩进后台去静坐的人都是懦夫，那些袖着双手只会看戏的人，也都是懦夫。这个世界岂是给我们静坐旁观的吗？那些厌恶这个世界、梦想超生别的世界的人，更是懦夫，不用说了。

第三须要有社会协进的观念　上条所说的冒险进取，并不是野心的，自私自利的。我们既认定这个世界是给我们活动的，又须认定人类的生活全是社会的生活，社会是有机的组织，全体影响个人，个人影响全体。社会的活动全是互助的,你靠他帮忙,他靠你帮忙,我又靠你同他帮忙,你同他又靠我帮忙;你少说了一句话,我或者不是我现在的样子,我多尽了一分力,你或者也不是你现在这个样子,我和你多尽了一分力,或少做了一点事,社会的全体也许不是现在这个样子,这便是社会协进的观念。有这个观念,我们自然把人人都看作同力合作的伴侣,自然会尊重人人的人格了;有这个观念,我们自然觉得我们的一举一动都和社会有关,自然不肯为社会造恶因,自然要努力为社会种善果,自然不致变成自私自利的野心投机家了。

少年的中国,中国的少年,不可不时时刻刻保存这种批评的、冒险进取的、社会的人生观。

三、少年中国的精神 少年中国的精神并不是别的,就是上文所说的逻辑和人生观。我且说一件故事做我这番谈话的结论:诸君读过英国史的,一定知道英国前世纪有一种宗教革新的运动,历史上称为"牛津运动"(The Oxford Movement),这种运动的几个领袖如客白尔(Keble)、纽曼(Newman)、福鲁德(Froude)诸人,痛恨英国国教的腐败,想大大的改革一番。这个运动未起事之先,这几位领袖做了一些宗教性的诗歌,写在一个册子上,纽曼摘了一句荷马的诗题在册子上,那句诗是,You shall see the difference now that we are back again! 翻译出来即是"如今我们回来了,你们看便不同了!"

少年的中国,中国的少年,我们也该时时刻刻记着这句话:

如今我们回来了,你们看便不同了!

这便是少年中国的精神。

(本文为1919年3月22日胡适在少年中国学会上的演讲,收入耿云志主编《胡适遗稿及秘藏书信》第12册)

女子问题

我本没有预备讲这个题目，到安庆后，有一部分人要求讲这个，这问题也是很重要的，所以就临时加入了。

人类有一种"半身不遂"的病，在中风之后，有一部分麻木不仁；这种人一半失了作用，是很可怜的。诸位！我们社会上也害了这"半身不遂"的病几千年了，我们是否应当加以研究？

世界人类分男女两部，习惯上对于男子很发展，对于女子却剥夺她的自由，不准她发展，这就是社会的"半身不遂"的病。社会有了"半身不遂"的病，当然不如健全的社会了。女子问题发生，给我们一种觉悟，不再牺牲一半人生的天才自由，让女子本来有的天才，享受应有的权利，和男子共同担任社会的担子；使男子成一个健全的人，女子也成一个健全的人！于是社会便成了一个健全的社会！

我们以前从不将女子当做人：我们都以为她是父亲的女儿，以为她是丈夫的老婆，以为她是儿子的母亲；所以有"在家从父，出嫁从夫，夫死从子"的话，从来总不认她是一个人！在历史上，只有孝女，贤女，烈女，贞女，节妇，慈母，却没有一个"女人"！诸位！在历史上也曾见过传记称女子是人的么？

研究女子教育是研究的什么？——昔日提倡女子教育的，是提倡良妻贤母；须知道良妻贤母是"人"，无所谓"女子"的！女子愿做良妻贤母，便去做她的良妻贤母，假使女子不愿意做良妻贤母，依旧可以做她的人的。先定了这个目标，然后再说旁的。

女子问题可以分两部分讲：

（一）女子解放。

（二）女子改造。

解放一部分是消极的：解放中包含有与束缚对待的意思，所以是消极的。改造却是积极的：改造是研究如何使女子成为人，用何种方法使女子自由发展。

（一）女子解放 解放必定先有束缚。这有两种讲法：一是形体的，一是精神的。

先讲形体的解放。在从前男子拿玩物看待女子，女子便也以玩物自居：许多不自由的刑具，女子都取而加在自己身上，现在算是比较的少了。如缠足，穿耳朵，束胸……等等都是，可以算得形体上已解放了。这种不过谈女子解放中的初级。试问除了少数受过教育的女子而外，中国有多少女子不缠足？如果我们不能实行天足运动，我们就不配谈女子解放！——我来安庆时候，所见的女子，大半是缠足；这可以用干涉，讲演种种方法禁止她们，我希望下次再来安庆时候，见不着一个缠足女子！——再谈束胸，起初因为美观起见，并不问合卫生与否；我的一个朋友曾经对我说，假使个个女子都束胸，以后都不可以做人的母亲了！

次讲精神的解放。在解放上面，以精神解放最为重要。精神解放怎样讲？——就是几千年来，社会上男子用了许多方法压制女子，引诱女子，便是女子精神上手镣脚铐。择几桩大的说：

第一，未讲之先，提出一个标准来：——标准就是"为什么"？——"女子不为后嗣"：中国古时候，最重的是"有后"——女子不算——家中有财产，女儿不能承受；没有儿子的，一定去在弟兄的儿子中间找一个来承继受领。女子的不能为后嗣，大半为着经济缘故；所以应当从经济方面提倡独立。有一个人临死，分财产做三股，两个女儿得两股，一个侄子得一股，但是他的本家，还要打官司。这个问题如若不打破，对于经济，对于道德，都有极大的关系。还有"娶妾"：一个人年长了，没有儿子，大家便劝他娶妾，——就是他的夫人，也要劝他，不如此，人家便要说她不贤慧——请问这一种恶劣的行为，是从什么地方产生的？再进一步说，既然同认女子是个人，又何以不能承受财产，不能为后？——这是应当打破的邪说之一！

第二，"女子贞操问题"：何谓贞操？——贞操是因男女间感情浓厚，不愿意再及于第三者身上。依新道德讲，男女都应当守贞操；历史上沿习却不然，男子可以嫖，可以纳妾；女子既不可以和人家通奸，反要受种种的限制，大概拿牌坊引诱，使女子守一个无爱情没有见过面的人；一部分女子，因而被他们引诱了。如此的社会，实在是杀人不抵命的东西！贞操实是双方男女共有的，我从前说："男子嫖婊子，与女子和人通奸，是有同等的罪！"所以："男子叫女子守节，女子也可以叫男子守节！男子如果可以讨姨太太，女子也就可以娶姨老爷！"谢太傅——谢安——晚年想纳妾，但他却怕老婆；他的朋友劝他，说公例可以纳妾；他的夫人在里面应道："婆例不可！"——历来都用惯了"公例"，未常实行"婆例"。这种虚伪的贞操，委实可以打破。再简单说："贞操是根据爱情的，是双方的！男子可以不守节，女子也可以不守节！"

第三，"女子责在阃内说"：女子的职务，在家庭以内，这种学说也是捆女子的一根铁索,如果不打断,就难说到解放。有许多女子,足能够做学问,可以学美术,文学……,可以当教员……；有许多男子,只配抱孩子煮饭的。有许多事,男子不能做而女子能做。如果不打破这种学说,只是养成良妻贤母,实在不行。我们要使女子发展天才,决不能叫她永远须在家里头。女子会抱孩子煮饭,也只是女子中的一部分,女子决不全是会抱孩子煮饭的;有天才的女子,却往往因为这个缘故,不得尽量的发展,就说女子不能做他种事业,但她们做教师便比男子好得多了。总结一句:我们不应当拿家里洗衣,煮饭,抱孩子许多事体来难女子。我们吃饭,可以吃一品香海洞春厨子做的,衣服可以拿到洗衣厂里去洗了!

第四,"防闲的道德论":由古代相传,男子对女子总有怀疑的态度,总有防闲的道德。现在人对女子,依旧有这一种态度。我听说安庆讲演会里职员,有许多女子加入,便引起了社会上的非难。我将告诉他们:"防闲决不是道德!"如把鸟雀关在笼中,一放他便飞了;不然,一年两年的功夫,也就闷死了。当我在西洋的时候,见中国许多留学生,常常闹笑话;在交际场中,遇见了女子和他接洽,他便以为有意。由此,我连带想起一件故事。某人的笔记上说:"有一个老和尚,养了一个小孩子,作为小和尚;老和尚对他防闲得利害,使他不知世故。某年,老和尚带这小和尚下山,小和尚一件东西也不认识,逢到东西,老和尚不等他问,便一一的告诉他。恰巧有个女子经过,老和尚恐怕他沾染红尘,便不和他说。小和尚就问,老和尚便扯道,道是吃人的老鬼。等到回山的时候,老和尚便问他下山一日,有所爱否?小和尚说,所爱的只是吃人的老鬼!""防闲的道德,就是最不道德!"我国学生,何以多说是不道德?实是因为防闲太利害了,一遇到恶人,便要堕落!我希望以后要打破防闲的道德论!平心而论,完全自由,也有流弊,不过总不可因噎废食的。不要以一二人的堕落而及于全部。而且自由的流弊,决不是防闲所可免,若求自由不流弊,必定要再加些自由于上面;自由又自由,丝毫流弊都没有了!因为怕流弊而禁止自由,流弊必定更多,且更不自由了!社会上应存"容人的态度",须知社会上决没有无流弊的。张小姐闹事,只是张小姐;李小姐闹事,只是李小姐;决不能因为一两人而及于全体的!愿再加解放许多自由,叫他们晓得所以,自然没有流弊了!

(二) **女子改造**　改造方面,比较简单些。解放是对外的要求;改造却是对内的要求,但也不完全靠自己的!

先说内部。女子本身的改造,无论女子本身或提倡女子问题的,都要认明目标:第一,"自立的能力":女子问题第一个要点，就在这问题，女子嫁人，总要攀高些，却不问自立；我觉女子要做人，须注意"自立"，假如女子不能自立，决不能够解放去奋斗的。第二，"独立的精神"：这个名词，是老生常谈，不过我说的是精神上，不怕社会压制；社会反对，也是要干的！像现在这种时代，是很不容易谈解放的。不顾社会非难，可以独行其是。第三，"先驱者的责任"：做先锋的责任，在谈女子问题中是很重要的。我们一举一动，在社会上极受影响。先驱者的责任，只要知道公德，不要过问私德；一人如此，可以波及全体的。不要使我个人行为，在女子运动上加了一个污点！我最不相信道德，但为了这个起见，也不得不相信了！我常常说："当学生的，如其提倡废考，不如提倡严格考试；社交解放的先驱者，如提倡自由恋爱，不如提倡独身主义！"这是诸位要注意的！

（本文为1921年8月4日夜胡适在安庆青年会的演讲，张友鸾、陈东原记录，原载1922年5月1日《妇女杂志》第8卷第5号）

人生问题

　　1903年，我只有十二岁，那年12月17日，有美国的莱特弟兄作第一次飞机试验，用很简单的机器试验成功，因此美国定12月17日为飞行节。12月17日正是我的生日，我觉得我同飞行有前世因缘。我在前十多年，曾在广西飞行过十二天，那时我作了一首《飞行小赞》，这算是关于飞行的很早的一首辞。诸位飞过大西洋，太平洋，我在民国三十年，在美国也飞过四万英里，这表示我同诸位不算很隔阂。今天大家要我讲人生问题，这是诸位出的题目，我来交卷。这是很大的问题，让我先下定义，但是定义不是我的，而是思想界老前辈吴稚晖的。他说：人为万物之灵，怎么讲呢？第一：人能够用两只手做东西。第二：人的脑部比一切动物的都大，不但比哺乳动物大，并且比人的老祖宗猿猴的还要大。有这能做东西的两手和比一切动物都大的脑部，所以说人为万物之灵。人生是什么？即是人在戏台上演戏，在唱戏。看戏有各种看法，即对人生的看法叫做人生观。但人生有什么意义呢？怎样算好戏？怎样算坏戏？我常想：人生意义就在我们怎样看人生。意义的大小浅深，全在我们怎样去用两手和脑部。人生很短，上寿不过百年，完全可用手脑做事的时候，不过几十年。有人说，人生是梦，是很短的梦。有人说，人生不过是肥皂泡。其实，就是最悲观的说法，也证实我上面所说人生的有没有意义全看我们对人生的看法。就算他是做梦吧，也要做一个热闹的，轰轰烈烈的好梦，不要做悲观的梦。既然辛辛苦苦的上台，就要好好的唱个好戏，唱个像样子的戏，不要跑龙套。人生不是单独的，人是社会的动物，他能看见和想像他所看不到的东西，他有能看到上至数百万年下至子孙百代的能力。无论是过去，现在，或将来，人都逃不了人与人的关系。比如这一杯茶（讲演桌上放着一杯玻璃杯盛的茶）就包括多少人的供献，这些人虽然看不见，但从种茶，挑选，用自来水，自来水又包括电力等等，这有多少人的供献，这就可以看出社会的意义。我们的一举一动，也都有社会的意义，譬如我随便往地上吐口痰，经太阳晒干，风一吹起，如果我有痨病，风可以把病菌带给几个人到无数人。我今天讲的话，诸位也许有人不注意，也许有人认为没道理，也许说胡适之胡说，是瞎说八道，也许有人因我的话回去看看书，也许竟一生受此影响。一句话，一句格言，都能影响人。我举一个极端的例子，两千五百年前，离尼泊尔不远地方，路上有一个乞丐死了，尸首正在腐烂。这时走来一位年轻的少爷叫Gotama，后来就是释迦牟尼佛，这位少爷是生长于深宫中不知穷苦的，他一看到尸首，问这是什么？人说这是死。他说：噢！原来死是这样子，我们都不能不死吗？这位贵族少爷就回去想这问题，后来跑到森林中去想，想了几年，出来宣传他的学说，就是所谓佛学。这尸身腐烂一件事，就有这么大的影响。飞机在莱特兄弟做试验时，是极简单的东西，经四十年的功夫，多少人聪明才智，才发展到今天。我们一举一动，一言一行，一点行为都可以有永远不能磨灭的影响。几年来的战争，都是由希特勒的一本《我的奋斗》闯的祸，这一本书害了多少人？反过来说，一句好话，也可以影响无数人，我讲一个故事：民国元年，有一个英国人到我们学堂讲话，讲的内容很荒谬，但他的O字的发音，同普通人不一样，是尖声的，这也影响到我的O字发音，许多我的学生又受到我的影响。在四十年前，有一天我到一外国人家去，出来时鞋带掉了，那外国人提醒了我，并告诉我系鞋带时，把结头底下转一弯就不会掉了，我记住了这句话，并又告诉许多人，如今这外国人是死了，但他这句话已发生不可磨灭的影响。总而言之，从顶小的事情到顶大的像政治经济宗教等等，我们的一举一动都有不可磨灭的影响，尽管看不见，影响还是有。在孔夫子小时，有一位鲁国人说：人生有三不朽，即立德，立功，立言。立德就是最伟大的人格，像耶稣孔子等。立功就是对社会有供献。立言包括思想和文学，最伟大的思想和文学都是不朽的。但我们不要把这句话看得贵族化，要看得平民化，比如皮鞋打结不散，吐痰，O的发音，都是不朽的。就是说：不但好的东西不朽，坏的东西也不朽，善不朽，恶亦不朽。一句好话可以影响无数人，一句坏话可以害死无数人。这就给我们一个人生标准，消极的我们不要害人，要懂得自己行为。积极的要使这社会增加一点好处，总要叫人家得我一点好处。再回来说，人生就算是做梦，也要做一个像样子的梦。宋朝的政治家王安石有一首诗，题目是《梦》。说："知世如梦无所求，无所求心普定寂，还似梦中随梦境，成就河沙梦功德"。不要丢掉这梦，要好好去做！即算是唱戏，也要好好去唱。

（本文为1948年8月12日胡适在北平空军司令部的演讲，原载1948年8月13日北平《世界日报》）

工程师的人生观

今天要赶十点四十分钟的飞机到台东,所以只能很简单地说几句话,很为抱歉。报上说我作学术讲演,这是不敢当。我是来向工学院拜寿的。昨夜我问秦院长希望我送什么礼物。晚上想想,认为最好的礼物,是讲讲工程师的思想史同哲学史。所以我便以此送给各位。

究竟什么算是工程师的哲学呢?什么算是工程师的人生观呢?因为时间很短,我当然不能把这个大的题目讲得满意,只是提出几点意思,给现在的工程师同将来的工程师作个参考。法国从前有一位科学家柏格生(Bergson)说:"人是制器的动物。"过去有许多人说:"人是有效力的动物。"也有许多人说:"人是理智的动物。"而柏格生说:"人是能够制造器具的动物。"这个初造器具的动物,是工程师的老祖宗。什么叫做工程师呢?工程师的作用,在能够找出自然界的利益，强迫自然世界把它的利益一个一个贡献出来；就是改造自然、征服自然、控制自然，以减除人的痛苦，增加人的幸福。这是工程师哲学的简单说法。

大家都承认：学作工程师的，每天在课堂里面上应该上的课，在试验室里面作应该作的试验，也许忽略了最大的目标，或者忽略了真正的基本——工程师的人生观。所以这个题目，是值得我们考虑的。

昨天在工学院教授座谈会中，我说：我到了六十二岁，还不知道我专门学的什么。起初学农；以后弄弄文学，弄弄哲学，弄弄历史；现在搞《水经注》，人家说我改弄地理。也许六十五岁以后、七十岁的时候，说不定要到工学院作学生；只怕工学院的先生们不愿意收一个老学徒，说"老狗教不会新把戏"。今天在工学院作学生不够资格的人，要来谈谈现在的工程师同将来的工程师的人生观，实属狂妄，就是，有点大胆。不过我觉得我这个意思，值得提出来说说。人是能够制造器具的动物，别的动物，也有能够制造东西的，譬如：蜘蛛能够制造网，蜜蜂能够制造蜜糖，珊瑚虫能够制造珊瑚岛。而我们人同这些动物之所以不同，就是蜘蛛制造网的丝，是从肚子里出来的，它肚子里有无穷无尽的丝；蜜蜂采取百花，经一番制造，作成的确比原料高明的蜜糖；这些动物，可算是工程师；但是它的范围，它用的，只是它自己的本能。珊瑚虫能够做成很大的珊瑚岛,也是本能的。人,如果只靠他的本能,讲起来也是有限得很的!人与蜘蛛、蜜蜂、珊瑚虫所以不同,是在他充分运用聪明才智,揭发自然的秘密,来改造自然,征服自然,控制自然。控制自然,为的是什么呢?不是像蜘蛛制网,为的捕虫子来吃;人的控制自然,为的是要减轻人的劳苦,减除人的痛苦,增加人的幸福,使人类的生活格外的丰富,格外有意义。这是"科学与工业的文化"的哲学。我觉得柏格生这个"人"的定义,同我们刚才简单讲的工程师的哲学,工程师的人生观,工程师的目标,是值得我们随时想想,随时考虑的。

这个话同这个目标,不是外国来的东西,可以说是我们老祖宗在几百年,甚至几千年以前,就有了这种理想了。目前有些人提倡读经;我倒很愿意为工程师背几句经书,来说明这个理想。

人如何能控制自然,制造器具呢?人控制自然这个观念,无论东方的圣人贤人,西方的圣人贤人,都是同样有的。我现在提出我们古人的几句话,使大家知道工程师的哲学,并不是完全外来的洋货。我常常喜欢把《易经·系辞》里面几句话翻成外国文给外国人看。这几句话是:"见乃谓之象;形乃谓之器;制而用之谓之法;利用出入,民咸用之,谓之神。"看见一个意思,叫做象;把这个意象变成一种东西——形,叫做器;大规模的制造出来,叫做法;老百姓用工程师制造出来的这些器具,都说好呀!好呀!但是不晓得这器具是从一种意象来的,所以看见工程师便叫做神。

希腊神话,说火是从天上偷来的;中国历史上发明火的燧人氏被称为古帝之一——神。火,是一个大发明。发明火的人,是一个大工程师。我刚才所举《易·系辞》,从一个观念——意象——造成器具,这个意思,是了不得的。人类历史上所谓文化的进步,完全在制造器具的进步。文化的时代,是照工程师的成绩划分的。人类第一发明是火;大体说来,火的发现是文化的开始。下去为石器时代。无论旧石器时代,新石器时代,都是人类用智慧把石头造成器具的时候。再下去为青铜器时代。用铜制造器具,这是工程师最大的贡献。再下去为铁的时代。这是一个大的革命。后来把铁炼成钢。再下去发明蒸汽机,为蒸汽机时代。再下去运用电力,为电力的时代;现在为原子能时代:这都是制器的大进步。每一个大时代,都只是制器的原料与动力的大革命。从发明火以后,石器时代,铜器时代,铁器时代,电力时代,原子能时代;这些文化的阶段,都是依工程师所创造划分的。

这种理想,中国历史上,早就有了的。工学院水工试验室要我写字,我写了两句话。这两句话,是《荀子·天论》

篇里面的。《荀子·天论》篇，是中国古代了不得的哲学，也就是西方柏格生征服自然，以为人用的思想。《荀子·天论》篇说："从天而颂之，孰与制天命而用之？大天而思之，孰与物蓄而制裁之？"这个文字，依照清代学者校勘，稍须改动。但意思没有改动。"从天而颂之"，是说服从自然。"从天而颂之，孰与制天命而用之。"两句话联起来说，意思是：跟着自然走而歌颂，不如控制自然来用。"大天而思之"，是问自然是怎样来的。"大天而思之，孰与物蓄而制裁之？"是说：问自然从那里来的，不如把自然看成一种东西，养它、制裁它。把自然控制来用，中国思想史上只有荀子才说得这样彻底。从这两句话，也可以看出中国在两千二三百年前，就有控制天命——古人所谓天命，就是自然——把天命看作一种东西来用的思想。

"穷理致知"四个字，是代表七八百年前——十一世纪到十二世纪——宋朝的思想的。宋代程子、朱子提倡格物——穷理——的哲学。什么叫做"格物"呢？这有七十几种说法。今天我们不去研究这些说法。照程子朱子的解释，"格物"是"即物而穷其理。……即凡天下之物，莫不因其已知之理而益穷之，以求至乎其极"。这样的格物致知，可以扩大人的智识。程子说，"今天格一物，明天格一物，习而久之，自然贯通"。有人以范围问他；他说，"上自天地之高大,下至一草一木,都要格的"。这个范围,就是科学的范围,工程师的范围。

两千二三百年前,荀子就有"制天命而用之"的思想;七八百年前,程子、朱子就有格物——穷理——的哲学。这是科学的哲学,可算是工程师的哲学。我们老祖宗有这样好的思想、哲学,为什么不能作到科学工业的文化呢?简单一句话,我们不幸得很,二千五百年以前的时候,已经走上了自然主义的哲学一条路了。像《老子》、《庄子》,以及更后的《淮南子》,都是代表自然主义思想的。这种自然主义的哲学发达的太早,而自然科学与工业发达的太迟;这是中国思想史的大缺点。

刚才讲的,人是用智慧制造器具的动物。这样,人就要天天同自然界接触,天天动手动脚的,抓住实物,把实物来玩,或者打碎它,煮它,烧它。玩来玩去,就可以发现新的东西,走上科学工业的一条路。比方"豆腐",就是把豆子磨细,用其他的东西来点,来试验;一次,二次,……经过许多次的试验,结果点成浆,做成功豆腐;做成功豆腐还不够,还要作豆腐干,豆腐乳。豆腐的做成,很显然的,是与自然界接触,动手、动脚,多方试验的结果,不是对自然界看看,想想,或作一首诗恭维自然界就行了的。

顶好一个例子,是格物哲学到了明朝的一个故事。明朝有一位大哲学家王阳明,他说,"照程子、朱子的说法,要做圣人,要'即物而穷其理'。'即物穷理',你们没有试验过,我王阳明试验过了"。有一天,他同一位姓钱的朋友研究格物,并由钱先生动手格竹子;拿一个凳子坐在竹子旁边望,望了三天三夜,格不出来,病了。王阳明说:"你不够做圣人,我来格。"也端把椅子对着竹子望;望了一天一夜,两天两夜,……到了七天七夜,王阳明也格不出来,病了。于是王阳明说:"我们不配作圣人;不能格物。"从这个故事,可以看出传统的不动手动脚,拿天然实物来玩的习惯。今天工学院植物系的学生格竹子,是要把竹子劈开,用显微镜来细细的看,再加上颜色的水,作各种的试验,然后就可以判定竹子在工业上的地位。为什么王阳明格不出来,今天的工程师可以格出来?因王阳明没有动手动脚作器具的习惯,今天的工程师有动手动脚作器具的习惯。荀子"制天命而用之"的哲学,终敌不过老子,庄子"错(措)人而思天"的哲学。故程、朱的格物穷理的思想,终不能应用到自然界的实物上去,至多只能在"读书"上(文史的研究上)发生了一点功效。

今天送给各位工程师哲学的人生观,又约略讲一讲我们老祖宗为什么失败;为什么有了这样好的征服天然的理想,穷理致知的哲学,而没有造成功科学文化,工业文化。我们可以了解我们老祖宗让西方人赶上去了。同时,从西方人后来实现了我们老祖宗的理想,我们亦就可以知道,只要振作,是可以迎头赶上的。我们只要二十年,三十年的努力,就可以同世界上科学工业发达的国家站在一样的地位。

二十年前,中国科学社要我作一个社歌;后来请赵元任先生作了乐谱。今天我把这个东西送给各位工程师。这个社歌,一共三段十二句:

我们不崇拜自然。他是一个刁钻古怪;
我们要捶他,煮他,要叫他听我们的指派。

我们要他给我们推车;我们要他给我们送信。
我们要揭穿他的秘密,好叫他服事我们人。

我们唱天行有常;我们唱致知穷理。
明知道真理无穷,进一寸有一寸的欢喜。

(本文为1952年12月27日胡适在台南工学院七周年纪念会上的演讲,原载1952年12月28日台北《"中央"日报》)

科学的人生观

上次我到苏州来,没有空到青年会来演讲很抱歉,今天特来补过,请罪。今天讲的题目,就是"科学的人生观",研究人是什么东西?在宇宙中占据什么地位?人生究竟有何意味?因为少年人近来觉着很烦闷,自杀、颓废的都有,我比较至少多吃了几斤盐,几担米,所以来计划计划,研究自身人的问题。至于人生观,各人不同,都随环境而改变,不可以一个人生观去统理一切;因为公有公理,婆有婆理,我们至少要以科学的立场,去研究它,解决它。"科学的人生观"有二个意思:第一拿科学做人生观的基础;第二拿科学的态度、精神、方法,做我们生活的态度,生活的方法。

现在先讲第一点,就是人生是什么?人生是啥物事?拿科学的研究结果来讲,我在民十二年发表了十条,这十条就是武昌有一个主教,称为新的十诫,说我是中华基督教的危险物的。十条内容如下：

一、要知道空间的大　拿天文、物理考察，得着宇宙之大；从前孙行者翻筋斗，一翻翻到南天门，一翻翻到下界，天的观念，何等的小？现在从地球到银河中间的最近的一个星，中间距离，照孙行者一秒钟翻十万八千里的速率计算，恐怕翻一万万年也翻不到，宇宙是何等之大？地球是宇宙间的沧海之一粟，九牛之一毛；我们人类，更是小，直是不成东西的东西！以前看得人的地位太重了，以为是万物之灵，同大地并行，凡是政治不良，就有彗星、地震的征象，这是差的。从前王充很能见得到，说："一个虱子不能改变那裤子里的空气，和那人类不能改变皇天一样。"所以我们眼光要大。

二、时间是无穷的长　从地质学、生物学的研究，晓得时间是无穷之长，以前开口五千年，闭口五千年，以为目空一切；不料世界太阳系的存在，有几万万年的历史，地球也有几万万年，生物至少有几千万年，人类也有二三百万年，所以五千年占据很小的地位。明白了时间之长，就可以看见各种进步的演变，不是上帝一刻可以造成的。

三、宇宙间自然的行动　根据了一切科学，知道宇宙、万物都有一定不变的自然行动。"自是自己，然是如此"，就是自己自然如此，各物自己如此的动，并没有一种背后的指示，或是一个主宰去规范他们。明白了这点，对于月蚀是月亮被天狗所吞的种种迷信，可以打破了。

四、物竞天择的原理　从生物学的智识，可以看到物竞天择的原理。鲫鱼下卵有几百万个，但是变鱼的只有几个；否则就要变成"鱼世界"了！大的吃小的，小的吃又小的，人类都是如此。从此晓得人生不受安排，是自己如此的行动；否则要安排起来，为什么不安排一个完善的世界呢？

五、人是什么东西　从社会学、生理学、心理学方面去看，人是什么东西？吴稚晖先生说："人是两手一个大脑的动物，与其他的不同，只在程度上的区别罢了。"人类的手，与鸡、鸭的掌差不多，实是他们的弟兄辈。

六、人类是演进的　根据了人种学来看，人类是演进的；因为要应付环境，所以要慢慢的变；不变不能生存，要灭亡了。所以从下等的动物，慢慢演进到高等的动物，现在还是演进。

七、心理受因果律的支配　根据了心理学、生物学来讲，心理现状是有因果律的。思想、做梦，都受因果律的支配，是心理、生理的现象，和头痛一般；所以人的心理说是超过一切，是不对的。

八、道德、礼教的变迁　照生理学、社会学来讲，人类道德、礼教也变迁的。以前以为脚小是美观，但是现在脚小的要装大了。所以道德、礼教的观念，正在改进。以二十年、二百年或二千年以前的标准,来判断二十年、二百年、二千年后的状况,是格格不相入的。

九、各物都有反应　照物理、化学来讲,物质是活的,原子分为电子,是动的。石头倘然加了化学品,就有反应,像人打了一记,就有反动一样。不同的,只在程度不同罢了。

十、人的不朽　根据一切科学智识,人是要死的,物质上的腐败,和猫死狗死一般。但是个人不朽的工作,是功德:在立德,立功,立言。善恶都是不朽。一块痰中,有微生物,这菌能散布到空间,使空气都恶化了;人的言语,也是一样。凡是功业、思想,都能传之无穷;匹夫匹妇,都有其不朽的存在。

我们要看破了世间、时间之伟大,历史的无穷,人是最小的动物,处处都在演进,要去掉那小我的主张,但是那小小的人类,居然现在对于制度、政治各种都有进步。

以前都是拿科学去答复一切,现在要用什么方法去解决人生,就是哪哼生活?各人有各人的方法,但是,至少要有那科学的方法、精神、态度去做。分四点来讲:

一、怀疑　第一点是怀疑。三个弗相信的态度,人生问题就很多。有了怀疑的态度,就不会上当。以前我们幼时的智识,都从阿狗、阿金、阿毛等黄包车夫、娘姨处学来;但是现在自己要反省,问问以前的智识是否靠得住?有此态度，对于什么马克斯、牛克斯等主义都不致于盲从了。

二、事实　吾们要实事求是，现在像贴贴标语，什么打倒田中义一等，都仅徒务虚名，像豆腐店里生意不好，看看"对我生财"泄闷一样。又像是以前的画符，一画符病就好的思想。贴了打倒帝国主义，帝国主义就真个打倒了么？这不对，我们要做切实的工作，奋力的做去。

三、证据　怀疑以后，相信总要相信，但是相信的条件，就是拿凭据来。有了这一句，论理学诸书，都可以不读。赫胥黎的儿子死了以后，宗教家去劝他进教，但是他很坚决的说，"拿有上帝的证据来。"有了这种态度，就不会上当。

四、真理　朝夕的去求真理，不一定要成功，因为真理无穷，宇宙无穷；我们去寻求，是尽一点责任，希望在总分上，加上万万分之一。胜固是可喜，败也不足忧。明知赛跑，只有一个人第一，我们还要跑去，不是为我为私，是为大家。所以只有科学家，真真有共产主义的精神，发明不是为发财，是为人类。英国有一个医生，发明了一种治肺的药。但是因为自秘，就被医学会开除了。

所以科学家是为求真理。庄子虽有"吾生也有涯，而知也无涯，以有涯逐无涯，殆已"的话头，但是我们还要向上做去，得一分就是一分，一寸就是一寸，可以有亚基米特氏发现浮力时叫Eureka的快活。有了这种精神，做人就不会失望。所以人生的意味，全靠你自己的工作；你要圆就圆，方就方，是有意味；因为真理无穷，趣味无穷，进步快活也无穷尽！

（此文未经胡博士校正，有差误处，由记者负责。纲附识）

（本文为1928年5月胡适在苏州青年会上的演讲，王君纲记，原载1928年6月1日至2日上海《民国日报·觉悟》副刊）

哲学与人生

前次承贵会邀我演讲关于佛学的问题,我因为对于佛学没有充分的研究,拿浅薄的学识来演讲这一类的问题,未免不配;所以现在讲"哲学与人生",希望对于佛学也许可以贡献点参考。不过我所讲的有许多地方和佛家意见不合,佛学会的诸君态度很公开,大约能够容纳我的意见的!讲到"哲学与人生",我们必先研究他的定义:什么叫哲学?什么叫人生?然后才知道他们的关系。

我们先说人生。这六月来,国内思想界,不是有玄学与科学的笔战么?国内思想界的老将吴稚晖先生,就在《太平洋杂志》上发表一篇《一个新信仰的宇宙观及人生观》。其中下了一个人生的定义。他说:"人是哺乳动物中的有二手二足用脑的动物。"人生即是这种动物所演的戏剧,这种动物在演时,就有人生;停演时就没人生。所谓人生观,就是演时对于所演之态度，譬如：有的喜唱花面，有的喜唱老生，有的喜唱小生，有的喜摇旗呐喊；凡此种种两脚两手在演戏的态度，就是人生观。不过单是登台演剧，红进绿出，有何意义？想到这层，就发生哲学问题。哲学的定义，我们常在各种哲学书籍上见到；不过我们尚有再找一个定义的必要。我在《中国哲学史大纲》上卷上所下的哲学的定义说："哲学是研究人生切要的问题，从根本上着想，去找根本的解决。"但是根本两字意义欠明，现在略加修改，重新下了一个定义说："哲学是研究人生切要的问题，从意义上着想，去找一个比较可普遍适用的意义。"现在举两个例来说明他：要晓得哲学的起点是由于人生切要的问题，哲学的结果，是对于人生的适用。人生离了哲学，是无意义的人生；哲学离了人生，是想入非非的哲学。现在哲学家多凭空臆说，离得人生问题太远，真是上穷碧落，愈闹愈糟！

现在且说第一个例：二千五百年前在喜马拉亚山南部有一个小国——迦叶——里，街上倒卧着一个病势垂危的老丐，当时有一个王太子经过，在别人看到，将这老丐赶开，或是毫不经意的走过去了；但是那王太子是赋有哲学的天才的人，他就想人为什么逃不出老、病、死，这三个大关头，因此他就弃了他的太子爵位、妻孥、便嬖、皇宫、财货，遁迹入山，去静想人生的意义。后来忽然在树下想到一个解决；就是将人生一切问题拿主观去看，假定一切多是空的，那末，老、病、死，就不成问题了。这种哲学的合理与否，姑不具论，但是那太子的确是研究人生切要的问题，从意义上着想去找他以为比较普遍适用的意义。

我们再举一个例：譬如我们睡到夜半醒来，听见贼来偷东西，我那就将他捉住，送县究办。假如我们没有哲性，就这么了事，再想不到"人为什么要作贼"等等的问题；或者那贼竟苦苦哀求起来，说他所以作贼的原故，因为母老，妻病，子女待哺，无处谋生，迫于不得已而为之，假如没哲性的人，对于这种呼求，也不见有甚良心上的反动。至于富于哲性的人就要问了，为什么不得已而为之？天下不得已而为之的事有多少？为什么社会没得给他做工？为什么子女这样多？为什么老病死？这种偷窃的行为，是由于社会的驱策，还是由于个人的堕落？为什么不给穷人偷？为什么他没有我有？他没有我有是否应该？拿这种问题，逐一推思下去，就成为哲学。由此看来，哲学是由小事放大，从意义着想而得来的，并非空说高谈能够了解的。推论到宗教哲学，政治哲学，社会哲学等，也无非多从活的人生问题推衍阐明出来的。

我们既晓得什么叫人生，什么叫哲学，而且略会看到两者的关系，现在再去看意义在人生上占的什么地位？现在一般的人饱食终日，无所用心。思想差不多是社会的奢侈品。他们看人生种种事实，和乡下人到城里未看见五光十色的电灯一样。只看到事实的表面，而不了解事实的意义。因为不能了解意义的原故，所以连事实也不能了解了。这样说来，人生对于意义，极有需要，不知道意义，人生是不能了解的。宋朝朱子这班人，终日对物格物，终于找不到着落，就是不从意义上着想的原故。又如平常人看见病人种种病象，他单看见那些事实而不知道那些事实的意义，所以莫明其妙。至于这些病象一到医生眼里，就能对症下药；因为医生不单看病象，还要晓得病象的意义的原故。因此，了解人生不单靠事实，还要知道意义！

那末，意义又从何来呢？有人说：意义有两种来源：一种是从积累得来，是愚人取得意义的方法；一种是由直觉得来，是大智取得意义的方法。积累的方法，是走笨路；用直觉的方法是走捷径。据我看来，欲求意义唯一的方法，只有走笨路，就是日积日累的去做刻苦的工夫，直觉不过是熟能生巧的结果，所以直觉是积累最后的境界，而不是豁然贯通的。大发明家爱迪生有一次演说，他说，天才百分之九十九是汗，百分之一是神，可见得天才是下了番苦功才能得来，不出汗决不会出神的。所以有人应付环境觉得难，有人觉得易，就是日积日累的意义多寡而已。哲学家并不是什么，只是对于人生所得的意义多点罢了。

欲得人生的意义,自然要研究哲学史,去参考已往的死的哲理。不过还有比较更要的,是注意现在的活的人生问题,这就是做人应有的态度。现在我举两个可模范的大哲学家来做我的结论,这两大哲学家一个是古代的苏格拉底,一个是现代的笛卡尔。

苏格拉底是希腊的穷人,他觉得人生醉生梦死,毫无意义,因此到公共市场,见人就盘问,想借此得到人生的解决。有一次,他碰到一个人去打官司,他就问他,为什么要打官司?那人答道,为公理。他复问道,什么叫公理?那人便瞠目结舌不能作答。苏氏笑道:我知道我不知你,却不知道你不知呵!后来又有一个人告他的父亲不信国教,他又去盘问,那人又被问住了。因此希腊人多恨他,告他两大罪,说他不信国教,带坏少年,政府就判他的死刑。他走出来的时候,对告他的人说:"未经考察过的生活,是不值得活的。你们走你们的路,我走我的路罢!"后来他就从容就刑,为找寻人生的意义而牺牲他的生命!

笛卡尔旅行的结果,觉到在此国以为神圣的事,在他国却视为下贱;在此国以为大逆不道的事,在别国却奉为天经地义,因此他觉悟到贵贱善恶是因时因地而不同的。他以为从前积下来的许多观念知识是不可靠的,因为他们多是乘他思想幼稚的时候侵入来的。如若欲过理性生活，必得将从前积得的知识，一件一件用怀疑的态度去评估他们的价值，重新建设一个理性的是非。这怀疑的态度，就是他对于人生与哲学的贡献。

现在诸君研究佛学，也应当用怀疑的态度去找出他的意义，是否真正比较得普遍适用？诸君不要怕，真有价值的东西，决不为怀疑所毁；而能被怀疑所毁的东西，决不会真有价值。我希望诸君实行笛卡尔的怀疑态度，牢记苏格拉底所说的"未经考察过的生活，是不值得活的"这句话。那末，诸君对于明阐哲学，了解人生，不觉其难了。

（本文为1923年11月胡适在上海商科大学佛学研究会的演讲，原载1923年12月10日《东方杂志》第20卷第23期）

打破浪漫病

刚才主席说"材料不很重要,重要的在方法",这话是很对的。有方法与无方法,自然不同。比如说,电灯坏了若有方法就可以把它修理好。材料一样的,然而方法异样的,所得结果便完全不同了。我今天要说的,就是材料很重要,方法不甚重要。用同等的方法,用在两种异样的材料上,所得结果便完全不同了。所以说材料是很要紧的。中国自西历1600至1900年当中,可谓是中国"科学时期",亦可说是科学的治学时代。如清朝的戴东原先生在音韵学、校勘学上,都有严整的方法。西洋人不能不承认这三百年是中国"科学时代"。我们自然科学虽没有怎样高明,但方法很好,这是我们可以自己得意的。闽人陈第曾著《毛诗古音考》《唐宋古音考》等些书。他的方法很精密的,是顾炎武的老祖宗。顾亭林、阎百诗等些学者都开中国学术新纪元,他们是用科学方法探究学问的，顾氏是以科学方法研究音韵学，他的方法是用本证与旁证。比如研究《诗经》，从《诗经》本身来举证，是谓本证；若是从《诗经》的外面举证便谓旁证了。阎氏的科学方法是研究古文的真伪，文章的来源。

1609年的哥白尼听说在波兰国的北部一个眼镜店做小伙计，一天偶然叠上几片玻璃而发现在远方的东西，哥白尼以为望远镜是可以做到的。他利用这仪器，他对于天文学上就有很大的发现。像哈代维（Hudvey）、牛顿（Newton），还有显微镜发明者像黎汶豪（Leeuwenhoek），他们都有很大的发明。当哥白尼及诸大学者存在的时候，正是中国的顾炎武、阎百诗出世的时期。在这五六十年当中，东西文化，东西学说的歧异就在这里。他们所谓方法就是"假说"与"求证"，牛顿就是大胆去假定，然后一步一步去证明。这是和我们不同地方。我们的方法是科学的，然而材料是书本文字。我们的校勘学是校勘古书古字的正确的方法，如翻考《尔雅》、诸子百家；考据学是考据古文的真伪。这一大堆东西可以代表清朝三百年的成绩。黎汶豪是以凿钻等做研究的工具；牛顿是以木、石、自然资料来研究天文学，像现在已经把太阳系都弄清楚了。前几天报上宣传英国天文台要与火星通讯，像这样的造就实在可怕的。十八、十九世纪时候，西方学者才开始研究校勘学，瑞典的加礼文他专攻校勘学，曾经编成《中国文字分析字典》。像他这个洋鬼子不过研究四、五年，而竟达到中国有三百年历史的校勘学成绩。加礼文说道："你们只在文字方面做工夫，不肯到汉口、广东、高丽、日本等地方实际考查文字的土音以为证明；要找出各种的读法应当要到北京、宁波，……等地去。"这可证明探求学问方法完全是经验的，要实地调查的。顾亭林费许多时间而所得到的很少，而结果走错了路。

刚才杨教务长问我怎样医治"浪漫病"？我回答他说：浪漫的病症在那里？我以为浪漫病或者就是"懒病"。你们都是青年的，都还不到壮年时期，而我们已是"老狗教不成新把戏"了。现在我们无论走那条路，都是要研究微积分、生物学、天文学、物理学。我们要多做些实验工夫，要跟着西洋人走进实验室去。至于考据方面就要让我们老朽昏庸的人去做。黎汶豪的显微镜实在比妖怪还厉害，这是用无穷时间与时时刻刻找真理所得的结果。十九世纪时候，法国化学师柏士多（Pasteur）在显微镜下面发现很可怕的微生物。他并且感受疯狗的厉害，便研究疯狗起来。后来从狗嘴的涎沫里及脑髓中去探究，方知道是细菌在作祟，神经系中有毒。他把狗骨髓取出风干经过十三四天之久，就把它制成注射药水，可以治好给疯狗咬着的人。但是当时没有胆量就注射在人身上，只先在别的动物身上试验看看。在那时候很凑巧一位老太婆的儿子给狗咬伤，去请医生以活马当作死马医治，果然给他治好了。还有一位俄人，他给狼咬着他，就发明打针方法。法国酒的病，蚕的病亦给显微镜找出来了；欧洲羊的病，德国库舒（Koch）应用药水力量把羊医好。像蚕病、醋病与酒病治好后，实在每年给法国省下来几千万的法郎。普法战争后法国赔款有五十万万之巨额。然而英国哈维（Harvey）尝说：柏士多以一支玻璃管和一具显微镜，已把法国赔款都付清了。懒的人实在没有懂得学问的兴趣。学问本来是干燥东西，而正确方法是建筑在正确材料上的，像西方的牛顿那样的正确。我们中国要研究有结果，最要紧的是要到自然界去，找自然材料。做文学的更要到民间去，到家庭里去找活材料。我是喜欢谈谈：大家都是年富力强，应该要打破和消灭懒病。还要连带说一说"六〇六"药水，是德国医生Erlich发明的，用以杀杨梅疮的微菌，这位先生他用化学方法，经过八年六百零六次的试验研求而成功的。我们研究学问，要有材料和方法，要不懒，要坚决不拔的努力；那么，"浪漫病"就可以打破了。

（本文为1928年12月初胡适在中国公学的演讲，张嘉树记录，原载1928年12月9日上海《民国日报·觉悟》副刊，原题为"治学方法"）

究竟在这二十三年里做些什么

我所以挑选这个题目，是因为今天是国庆纪念会，在已往的几个纪念会，和报纸的言论，差不多都是悲观的，都觉着在这二十三年中没作些什么，甚至于革命者也承认革命尚未成功，也不知道他们自己所做出来的成绩，以至于悲观。我以为悲观固然是应该的，像先烈的流血、奋斗，无非是希望着打倒专制，享受点人群自由，可是到现在还有人在歌颂专制，欢迎独裁，我们在今天的纪念会上应该悲观，应该替先烈抱屈。但从另一方面算一算我们的账，先烈的性命，也许不白牺牲，先烈的热血也许不白流，那么这个账算什么呢？我们可以从两方面看：一、破坏的，二、建设的。

破坏的甚么呢？

在旁的国家，往往有统治者，有良风美德的中心，故往往可以不流血而改革。在我们中国，根本就没有这良风美德的中心，自古以来根本就没有贵族、资产、知识阶级在上头领导着，根本就是平民化的社会，忽然在上面加上一层压力，凭着祖宗偶然的成功的异族，用吃人的礼教包庇这高压的手段，在这状况之下，非破坏不可，因为中国根本就没有领袖阶级，所以好坏风气都由民间来的，往往民间运动一出来，就会被上面压力制止的。清末北京演新戏，只要御史奏上一本，立刻就可被摧残了。还有1898年的帝制改革一百天里头，建树了不少的新政，当时很惹起全世界的注意。但是不久，老太太出来了，一声令下，把所有的新政都摧毁净尽，办新政的人们死的死，亡的亡了。假如没有辛亥的成功，推倒高压势力的话，恐怕在这二十三年里更没有什么建树了，所以我们第一要算一算，破坏的究竟是些什么？

皇帝的打倒，两次复辟的消灭！

除非再由外面来一个高压势力，我想我们中国不会再有帝制了，所以这是中国有史以来第一个大改革，不但皇帝被打倒了，像什么三宫、六院、太监、贵胄……种种制度，都被皇帝带走了，这层压迫打破了以后，人民可以自由了。例如妇女剪发，在二十三年前，能这样容易吗？在二十三年前男女能够同校吗？从前京师大学堂只许二十几岁的青年讲经读文，一点改革也不许，学监是戴红缨帽的，一切一切，都是换汤不换药，在那时虽然说是"天高皇帝远"，但不许你动，你就不敢动，现在是大大的改变了。特别是政治上的改革，很显明的看出来，至于古文、骈文、非刑种种，都被打倒了。

至于建设方面呢？虽然人民还没达到自由平等的地步，但物质建设上不能不承认有很快的进步，例如交通方面，陇海、平绥等路都拉长了，公路的发展，虽然在商业上价值不大，但也较胜于无啊！譬如在民初甘肃的商会代表到北京来，得走一百零四天，而现在只用十四天就够了，要乘坐飞机，三天就可以到，这样看来，进步不为不多啦。教育方面，王部长在广播电台演说中，他报告全国小学生较民初加四倍，中学生加十倍，大学生加一百倍，固然这样增加是不正当，但进步不能算不快啊！我记得我在中学时代，几何、代数，都是日本人教，其余如博物、理化……没有一个不是日本人教，现在呢？在一百一十个大学里，除去少数有历史关系外，凡科学主任教师都是中国人了，如清华的物理系，和北大的地质系，成绩到那国都说得出了，特别是地质学，不但研究而且有组织，两三个人领导之下，在二十一年中，居然在世界上得有很重要的地位了，可见我们中国的学术是在长足迈进呢！其次我们要看看社会上的改革，如不久以前，天津地方法院判决了一个父母谋害亲女案，因为他们的女儿和人通奸，法律上没追究，而他们任意追究处理，将亲女溺死，判了十三年徒刑，这种改革是多么大！此外如婚姻问题，在上海报纸上天天可以看到"某某意见不合，双方脱离关系……"等启事，这种情形在已往是不允许的，到现在都不认为稀奇了，并且在民法上规定了十一条，只要有其中的某个条件，就可以离异，这不能不承认是社会上一大改革呀！

（本文为1934年10月9日胡适在北平燕京大学国庆纪念会上的演讲，由赵佩珊、张希纲记录，原载1934年10月10日天津《大公报》）

在上海文教界欢迎会上的讲话

九年来一向留在外国，好久没有穿中国衣服，好久没有说中国话，这次说话，也许要带出外国字来了，请大家不要见怪。承蒙诸君招待，非常感谢，只是因为回国十小时以内就闹腹泻，非常狼狈，所以两次定期都不能到，先向诸位道歉。

这九年之中，诸位在沦陷区、在后方，所作的许多抗战工作，我都没有参加；所受各种苦痛，也没有受到。好像是国家放了我九年假，现在回国，真有一种假期终了的感觉。

刚出去的时候，完全是考察性质，奉政府非正式的使命，去看看美国对我们抗战的舆论和态度。后来，奉中央研究院历史语言研究所之命出席在瑞士举行的国际历史科学会议，那时是一九三八年。这个会议我国还是第一次参加。自欧洲回美就奉命回到外交方面工作了。

我在1938年到1942这整整四年之中担任着外交工作，责任实在是非常轻松的。每天不过换几套衣服、出席几次茶会或者Cocktail Party，没有订过一次条约，没有接洽过一次借款，没有捐过一笔钱。而且，我对他们说老实话，不讲究外交词令，我们有困难就老老实实告诉他们；我要他们知道中国是一个文明的国家，中国人是老老实实的人。

后来，我的任务没有以前轻松了。政府已经看到，在我们一国单独挺身抗战之外还必须要注意世界局势的转变。不过老实说，我实在还是一无成绩可以报告诸位听的。

我在没有递国书的时候广州失陷了。在递国书前三天武汉又陷，这正是国家最倒霉的时候。虽然我们一向主张说负责任的话，不怕人家笑骂、不怕人家嫌我们不时髦，但是在这广州、武汉相继沦陷的时候，我觉得这态度还不够，觉得我自己还应当参加意见、参加判断。我的报告是否准确，在历史上可以起作用，——我觉得只说负责任的话是不够了，我觉得实际负责任，比说话摇笔杆的负责任，还要艰难。写文章的人往往随便议论，并且常欢喜写翻案文章，但负责办事的却不容许如此的。

1942年秋天本来想回国，但是我有心脏病，医生说不适宜于高飞。而在重庆常常要跑很多石级，昆明又是海拔六七千尺高的地方，有心脏病的人都不相宜。于是，又在美国耽搁了几年。当时应回国从事文化工作的愿望也不能达到了。

出国的最初五年，从未从事学术研究，一篇文章不写，一点考据和研究的工作也没有作，即使讲演，也从没有什么心得。虽然得了三十一个荣誉学位，却并不是用功拿来的。于是下了一个决心，在1942到1944这几年中，努力于"无声无臭"，"无声"是不说话，"无臭"是不招摇，专心读书研究，利用这个国家给我的假期训练自己，预备回国来做一个教书匠。

去年9月政府发表我做北大校长。事前教育部和我没有一个字的联络。因为他们晓得我有一个弱点：国家在艰难的时候，政府发表我什么事，我是从不迟疑、从不否认的。北大的职务是一种光荣，但也是很艰巨的工作。我愿意做一个教书匠，一个史学家，这一点就算是我这余年中的一些"野心"罢。

主人要我就一个新从外国回来的人的看法，对国内情形说些话。题目太大了，不容易交卷。在国外的人常常看见大处，不见小的地方，因此有时就看到了整个的一面，不挑小眼儿。但是回国之后才知道和国外所闻的确有许多不同的地方。十个月前所乐观的，十个月后也许就有可以悲观之处。我从本月五日到上海，至今才两个礼拜，晤见朋友不少。上海的名片有两寸高,南京的名片也有两寸高,听到的话悲观的居多,对将来并且很有抱失望的。但是我虽去国九年,并没有和国内隔离,更从没有减少对国内的关怀。我以为用研究历史的态度看起来,我们是用不着太悲观的。

九年以前,或者十五年以前九一八事变的时候,我们都曾仔细考虑过局势,我也从不主张轻易作战。为什么呢?就因为我们经济、文化、工业等等的基础都有些不敢接受这种挑战,打这空前大仗。到庐山会谈的时候,我们认为忍受得已经够了,正像一个患盲肠炎的人,明知开刀可以有性命危险,但是为保全自己的生命,也不能再怕冒险。所以,我们就接受了挑战,参加了战争,一打就打了八年。

用研究历史的眼光看起来,我们现在所受的痛苦,一部分固然或者还是由于我们的努力不够,但大部分或者还是因为历史上的必然。以美国之富强,胜利以后至今也还没有恢复常态。所以,我们现在虽然已经胜利,却决不是已到了休息或者"写意"的时候。存了这样的想法,我们也许就不至于太悲观了。

我们应当研究我们的缺点究竟在什么地方,是人才吗?学问吗?然后努力加以克服。也许我们要再吃五年或者十年苦,但是如果只吃苦而不作探讨和研究,那么吃苦的时间只会更延长。我们文化界、教育界应当在这五年十年之间咬紧牙关、尽力挽救和改善目前的局面。如果我们自己先就悲观，觉得世事不可为，那么国事真更将令人悲观、令人觉得不可为了。

（本文为1946年7月20日胡适在上海文教界欢迎会上的讲话，原载1946年7月21日上海《申报》）

在同乐会的演说

今天是音乐研究会开音乐会的一天,演说的人不过是个配角,算不得很紧要的。今日本有杜威先生的演说,因为病了没有来。——刚才会长已经报告——我今日到会,一则代达杜威先生的歉意;一则贡献我个人的意见。

我对于音乐,本来是一个门外汉,没有什么可说。但是对于音乐的希望,却很大很多,而且很喜欢他。不但我一个人喜欢他,一定喜欢他的很多。你看现在站在外面不能进来的,都是很羡慕的样子,这个音乐的功用就不待我说了。

我是讲墨子哲学的,我且把他关于音乐的一部分拿来讲一讲:墨子,他对于音乐是很反对的、攻击的、不满意的,——儒教虽然提倡礼教,讲些音乐,但是几千年来对于音乐亦无充分的解说。——以故音乐上颇受其影响。但是《墨子》书中,也有一部分讲音乐的。

> 墨子反对美术，攻击音乐。程凡对他说：你攻击音乐，未尝不可，但是马驾而不税，弓张而不弛，也是不可的。

此为墨书中讲音乐的一段话。很可以代表"音乐的功用是很完全的"这句话。

现在中国提倡音乐的方法，可以说都是不对的。譬如学校的课程里面加一点钟的音乐，用二十块大洋买一个很破的很坏的不合美术的风琴教学生，学生学了之后，仍然是没有什么用处。若说学生学了之后，人人去买一个练习，这是绝对做不到的。因此我们可以找出两个缺点：

1. 不能提起美术的观感。
2. 限于贵族而不能普及。

学生学了之后，既然不能人人练习，所以音乐便没有发展的机会。就是在学校里面学几点钟，也不过是拿几分分数而已，对于美术上并没有什么增益。

所以我现在很希望有自动的音乐实现。现在可以代表自动的音乐的，莫如北京大学音乐研究会。这个会是由许多人自由加入作自动的研究的。故于美术方面，颇有进步。我希望大学生有自动的研究，拿音乐去补助共同生活代表共同生活的精神。有了共同生活、团体生活，自然就有好结果。记得从前开学的时候,到者只二三百人,今年开学,则有二三千人,可知共同生活团体生活一定是得好结果的。说到音乐上去,共同生活的精神尤其要紧。你看琴弦管竹,那一件不是要有共同生活的精神呢?我十月在山西看阅兵的时候,听见兵士唱很和平的国歌。当他们单唱的时候,并不见得好听,合唱起来,就非常的好听了。说到国歌,现在还没有好的,合用的。我很希望有一种新的国歌谱出来。

我对于音乐抱了两种希望:

1. 不但为个人的,而且为可以代表共同生活的精神的。
2. 以音乐的道理助文学的发展。

例如苏东坡《琵琶工》:

> 昵昵儿女语,灯火夜微明。思冤尔汝,来去弹指泪和声。……

李后主:

> 云一涡,玉一梭。淡淡衫儿薄薄罗,轻颦双黛螺。

这两首歌词,都是处处合于音乐的道理的。所以我于音乐普及以外，很希望他可以谱之文学上面，使音乐与文学发生关系。

我是一个门外汉，现在时间已经不早了，不多谈了。

（本文为1919年11月11日胡适在北京大学的演讲，黄绍谷笔记，原载1919年11月14日、15日《北京大学日刊》）

研究社会问题底方法

研究社会，当然和研究社会学底方法有关系。但这两种方法有不同的地方。就是社会学所研究的是社会状况；社会问题是研究个人生活状况。社会学是科学的，是普遍的；社会问题是地方的，是特别的。研究这两样底倾向既然不同，那研究的方法也该有区别。

再者，社会学底目的有两样：第一，要知道人类底共同生活究竟是什么样子。在社会里头，能不能把人类社会底普通道理找出来。第二，如果社会里底风俗习惯发生病的状态，应当用什么方法去补救。研究这两个问题，是社会学底目的。但我们研究社会问题，和它有一点不同。因为社会问题是特别的，是一国的，是地方底缘故。社会问题是怎样发生的呢？我们知道要等到社会里某种制度有了毛病，问题才能发生出来。如果没有毛病，就不会发生什么问题。好像走路、呼吸、饮食等等事体，平时不会发生问题，因为身体这时没有病底缘故。到了饮食不消化或呼吸不顺利底时候，那就是有病了，那就成为问题了。

中国有子孝妇顺底礼教，行了几千年，没有什么变迁。这是因为当时做儿子的和做媳妇的，对于孝顺底制度没有怀疑，所以不成问题。到现在的时候，做儿子的对于父母，做丈夫的对于妻子，做妻子的对于丈夫等等的礼法，都起了疑心。这一疑就是表明那些制度有点不适用，就是承认那些制度已经有了毛病。

要我们承认某种制度有了毛病，才能成为社会问题，才有研究底必要。我说研究社会问题，应当有四个目的。现在就用治病底方法来形容：第一，要知道病在什么地方。第二，病是怎样起的，他的原因在那里。第三，已经知道病在那里，就得开方给他，还要知某种药材底性质，能治什么病。第四，怎样用药。若是那病人身体太弱，就要想个用药的方法；是打针呢？是下补药呢？若是下药，是饭前呢？是饭后呢？是每天一次是每天两次呢？医生医治病人，短不了这四步。研究社会问题的人，也是这样。现在所用的比喻是医生治病，所以说的都是医术底名词。各位可别误会，在未入本题之前，我们需要避掉两件事：

一、须避掉偏僻的成见　我们研究一种问题，最要紧的就是把成见除掉。不然,就会受它底障碍。比方一个病人跑到医生那里,对医生说:"我这病或者是昨天到火神庙里去,在那里中了邪,或是早晨吃了两个生鸡蛋,然后不舒服。"如果那个医生是精明的,他必不听这病人底话。他先要看看脉,试试温度,验大小便,分析血液,然后下个诊断。他底工夫是从事实上下手,他不管那病人所说中了什么邪,或是吃了什么东西,只是一味虚心地去检验。我们要做社会的医生也是如此。

平常人对于种种事体,往往存着一种成见。比方娼妓问题和纳妾问题,我们对于它们,都存着一种道德的或宗教的成见,所以得不着其中的真相。真相既不能得着,那解决底方法也就无从下手了。所以我们对于娼妓底生涯,是道德是不道德,先别管它;只要从事实上把它分析得明明白白,不要靠着成见。我们要研究它与社会底经济,家庭底生计,工厂底组织等等现象,有什么关系。比方研究北京底娼妓问题,就得知道北京有什么工厂,工厂底组织是怎样的;南北的娼妓从那里来,与生计问题有什么关系,与南方底工厂有什么关系;千万不要当他做道德底问题,要把这种成见除掉,再从各种组织做入手研究底工夫。

二、须除掉抽象的方法　我们研究一种问题,若是没有具体的方法,就永远没有解决的日子。在医书里头,有一部叫做《汤头歌诀》，乡下人把它背熟了，就可以挂起牌来做医生；他只知道某汤头是去暑的，其汤头是补益的，某汤头是温，某汤头是寒；病人的病理，他是一概不知道的。这种背熟几支歌诀来行医的医生，自然比那看脉、检温、验便、查血底医生忽略得多；要盼望他能够得着同样的效验，是不可能的。

研究社会问题的人，有时也犯了背歌诀的毛病。我们再拿娼妓问题来说，有些人不去研究以上所说种种的关系，专去说什么道德啦，妇女解放啦，社交公开啦，经济独立啦；要知道这些都和汤头歌歌诀一样，虽然天天把它们挂在嘴里，于事实上是毫无补益的；不但毫无补益，且能教我们把所有的事实忽略过去。所以我说，第二样要把抽象的方法除掉。

已经知道避掉这两件事情，我就要说到问题底身上，我已经把研究社会问题底方法分做四步，现在就照着次序讲下去。

一　病在什么地方

社会底组织非常复杂，必定要找一个下手研究底地方；不然，所研究的就没有头绪；也得不着什么效果。所以我们在调查以前，应当做四步工夫，才能够得着病的所在。

第一步分析问题 我们得着一个问题，就要把它分析清楚，然后检查它底毛病。比方纳妾问题，分析出来，至少也有两种：一种是兽欲的，基于这种动机而纳妾的人，社会上稍有道德观念的，都不承认他是对的。一种是承嗣的，这是因为要有后嗣才去纳妾，自然和那兽欲的有分别。再从细里分析，兽欲的纳妾底原因，大概是在那里，他与财产制度、奢侈习惯、娼妓制度等等有什么关系。研究第一种的纳妾，在这些问题上，都要下工夫去研究，才能够明白。说到第二种的纳妾呢，我们就不能和以前一例的看。有许多道学先生，到了四十多岁还没有儿子，那时候朋友劝他纳妾，兄弟也劝他，甚至自己的妻子也劝他，若是妻子因为丈夫要纳妾承嗣的话，就起来反对，人家必要说这做妻子的不贤慧。这样看来，第二种的纳妾是很堂皇的。我们对于这个问题，要研究中国的宗教；人为什么一定要有后，为什么要男子才算是后，女子就不算数，要有男子才算有后；在道德上和宗教上有什么根据，他底结果怎样呢，他有什么效果，是不是有存在的理由；这些问题，都和兽欲纳妾问题不同，是研究的人所当注意的。

再举一个例，娼妓制度，决不是用四个字就可以把它概括起来的。我们亦把它的种类分析起来，就知有公娼私娼的分别。公娼是纳税公开的，他们在警察厅权限底下，可以自由营业；私娼是不受警察厅保护的，他们要秘密地营业。从娼妓的内容说，还有高等和下等底分别；从最高等到最下等的娼妓，研究起来，还可以分析，这种分析非常有用，切不可忽略过去。从卖淫的心理考察，也可以分出好几种，有一种是全由于兽欲的，她受了身体上或精神上的影响，所以去做卖淫底生活。但是从日本的娼妓研究下去，就知其中不全是如此。日本底娼妓，在他们的社会里头，早就成为一种特别的阶级。她们的卖淫，并不根据于兽欲，是以这事为一种娱乐；兽欲与娱乐是两样事体，所以研究的方法也不能一样。

第二步观察和调查　分析的工夫若是做完，我们就可以从事于问题底观察和调查。观察和调查的方法很多，我可以举出几条来给各位参考。

我们知道社会问题不是独立的。他有两种性质：一种是社会的，是成法的，非个人的。比方纳妾问题，决不是一两个人能够做成，乃是根于社会制度或祖宗成法而来。一种是个人的，社会问题的发生，虽不在乎个人，然而社会是由个人组成的，他与个人自然有关系。因着这两种性质，我就说研究社会问题有两方面：一方面是内包，一方面是外延；我们要从这两方面研究。所以调查的工夫，越精密越好。我们拿北京的车夫来说，他会发生问题，也许与上海、广东有关系，也许与几千年前圣贤底话有关系；你去问他们的境况，虽然是十分紧要，若是能够更进一步，就得向各方面去调查。

西洋现行的观察和调查底方法，总起来可以分做三样：

一、统计 统计的工夫，是国家的。他底方法，是派人分头向各区去调查，凡出入款、生死率、教育状况等等的事体，都要仔细地调查清楚，为的是可以比较。

二、社会测量（Social Survey） 研究社会问题底人测量社会，要像工程师测量土地一样。我们要选定一个区域，其中各方面底事体，像人口、宗教、生计、道德、家庭、卫生、生死等等，都要测量过，然后将所得的结果，来做一个详细的报告。

三十年前，英国有一位蒲斯（Booth）专做这种社会测量底工夫。他花了好些金钱，才把伦敦底社会状况调查清楚。但三十年前的调查方法，不完全的地方很多，不必说的。此后有人把他工作继续下去，很觉得有点进步；近来美国也仿行起来了。社会测量底方法，在中国也可以仿行。好像天津，好像唐山，都可以指定他们来做一个测量的区域。我们要明白在一区里头种种事体，才可以想法子去补救它。因为社会问题过于要紧，过于复杂，决不能因着一家人底情形，就可以知道全体的。现在研究社会问题的人，大毛病就是把调查底工夫忽略了。要是忽略调查底工夫，整天空说"妇女解放"、"财产废除"、"教育平等",到底有什么用处,有什么效果。

三、综合　用统计学底方法。把所得的材料,综合起来做统计书,或把它们画在图表上头。统计底好处,是在指明地方和时间,教我们能够下比较底工夫。他不但将所有的事实画在格里,还在底下解释它们底关系和结果。我们打开图表一看,就知道某两线是常在一处的,某线常比其他的线高,某线常比其他的线低,我们将没有关系底线,先搁在一边,专研究那有关系的,常在一处的。到我们得着解释底时候,那病的地方就不难知道啦。

我前次到山西去,看见学校行一种"自省"底制度。督军每日里派人到各学校去,监察学生自省和诵读圣书。我觉得奇怪,就向人打听一下,原来这制度是从前在军营里行的。军营里因为有了这自省底方法,就把花柳病减少到百分之六十。督军看见这个结果好,就把他用到学校去。我说这事有点错误,因为只靠花柳病减少底事实,就归功在自省上头,这样的判断是不准的。我们要看一看山西底教育在这几年底进步如何,太原底生活程度是不是高了,医术是不是进步了。这几方面,都应当用工夫去研究一下,看他们和军人底行为有什么关系,有什么影响。要是不明白种种的关系,只说是自省底功夫,恐怕这种判断有些不对。而且宜于军人的,未必宜于学生,若冒昧了,一定很危险。遗传说食指动就有东西吃,食指动和有东西吃，本来没有关系，因为食指动是没有意识的。若在食指动以后，果然有东西吃，就把这两件事联起来做一个因果，那是不对的。我们对于原因结果底判断，一定要用逻辑的方法，要合乎逻辑的判断。那事实的真原因，才能够得着。所以我们研究社会问题，要用逻辑的方法，才能够知道病的确在什么地方，和生病的原因在那里。不然，所做的工夫，不但无功，而且很危险，这是应当注意的。

二　病怎样起

我们把病的地方查出来以后：就要做第二步底工夫，就是要考察那病底来源。社会的病底来源，可以分做两面看：一方面是纵的，一方面是横的；可以说一方面是历史的，一方面是地理的；一方面是时间的，一方面是空间的。社会上各种制度，不是和时间有关系，就是和空间有关系，或是对于两方面都有关系。所以研究社会问题，最要紧的是不要把这两面忽略过去。

先从空间的关系说罢，我们拿北京的娼妓来研究，就知道它和中国各处都有关系。我们要用第一步底方法，研究那些娼妓底来路，和那地方所以供给娼妓底缘故。还有本地底娼妓，多半是旗人当的。我们对于这事，就要研究北京底旗人，她们受了什么影响，致使一部分的人堕落。又要研究她们多半当私娼的，由男子方面说，他们为什么专下南方去贩女人上来，为什么不上别处去，他们为什么要在这里开娼寮？这些问题是空时的关系，我们都应当研究的。我再具体举一个例来说，南妓从前多半由苏州来，现在就从上海来，这是什么缘故呢？我们应当考究上海和苏州底光景怎样变迁，上海女工底境遇如何，他们在纱厂里做工，一天赚几十个铜元，若是女孩子，还赚不上十个。因为这个缘故，就有些人宁愿把女儿卖给人或是典给人，也不教他们到工厂里去做工。从北京这方面说，在旗人底社会里，一部的人会堕落到一个卖淫底地步，也许是他们底生活状况变迁，也许北京现有的职业不合他们做，这两个例就是横的、地理的、空间的关系，要把他们看清楚才好。

　　社会问题，在时间上底关系，也是很重要的。时间的关系是什么呢？比方承嗣的纳妾问题，就是一种纵的、历史的、时间的关系。古代的贵族很重嫡子，因为基业相传的关系，无论如何，嫡子一派是不能断的，大宗是不能断的。但事实上不能个个嫡子都有后，所以要想法子把他接续下去。有人想，若是没有宗子的时候，有了庶子，也比无后强得多，这就是纳妾制度的起因。到后来贵族底阶级消灭，一般人对于后嗣底观念仍然存在。如果没有儿子，就得纳妾，为的是不让支脉断绝了。所以我说为有后而纳妾,是历史的关系。知道这个,才可以研究。孔子说得好:"臣弑其君,子弑其父,非一朝一夕之故,其所由来者渐矣。"这几句话,就是指明凡事都有一种历史的原因。所以对于问题,不要把他底历史的、纵的、时间的关系,忽略过去。

我再举一个例,办丧事的糜费,大概各位都承认是不对的。从前我住在竹竿巷底时候,在我们邻近有一所洗衣服底人家,也曾给我们洗衣服,所赚的钱是很少很少的;但是到他办丧事底时候,也免不了糜费。中国人办丧事要糜费,因为那是一种大礼。所以要从丧礼的历史去研究,才能得着其中的真相。

原来古代的丧服制度,有好几等。有行礼的,有不行礼的。第一等的人,可以哭好几天,不必做什么事;因为所有的事情,都有人替他办理,所以他整天躺着,哀至就哭,哭到要用人扶才站起来。所谓"百官备,百物具,不言而事行者,扶而起",就是说这一等的丧礼,要行这样礼,不是皇帝诸侯就不能办得到。次一等的呢?有好些事体都要差人去办,所以自己要出主意,哭的时间也就少了。起来的时候,只用杖就可以,再不必用人去扶。所谓"言而后事行者,杖而起",就是指着这一类说的。古代的大夫、士,都是行这样的礼。下等的人,所有的事都要自己去做,可以不必行礼,只要不洗脸就够了。所以说"身自执事而后行者,面垢而已"。这几等的制度，都是为古代的人而设的，所谓"礼不下庶人，刑不上大夫"，就是表明古礼尽为"士"以上的人而作，小百姓不必讲究。后来贵族阶级打破了，这种守礼底观念还留住，并且行到小百姓身上去。

现在中国一般人所行的丧礼，都是随着"四民之首"底"士"。他们守礼，本来没有"杖而后能起，扶而后能行"的光景，为行礼就存着一个形式，走路走得很稳，还要用杖。古时的丧服，本来不缝，现在的人，只在底下衩开一点，这都是表明从前的帝王、诸侯、大夫、士所行的真礼，一到小百姓用的时候，就变成假的。所以我们从历史方面去研究丧礼，就知道某礼节从前可以行，现在可以不必行，从前行了有意思，现在就没有意思。我们从这方面研究，将来要改良它，就可以减少许多阻力。

以上说的是第二步工夫。我们要知道病底起源，一部分是空间的关系，一部分是时间的关系，因为明白这两种的关系，才能够诊断那病是怎样发生的。以下我就要说开方和用药的方法。

三　怎样用药

要是我们不知道病在什么地方，不知道病从何而来，纵使用了好些药，也是没有功效的。已经知道病在那里，已经知道病底起因，还要明白药性和用药底方法。我在这里可以举出两个法子来：第一是调查。我们把问题各种特别的情形调查清楚，然后想法子去补救，这是我已经说过的。现在可以不必讲。第二是参考。我曾说用汤头来治病是不对的，因为有些地方要得着参考材料，才可以规定用药底方法。检查温度，试验大小便，分析血液，这些事体要医生才知道。若是给我做也做不来。这是什么缘故？因为我不是医生。没有拿什么大小便血液来比较或参考过的缘故。若是我们对于一个问题，不能多得参考底材料，虽然调查得很清楚，也是无用。

我们所用参考底材料，除用社会学、经济学、历史和其他的参考书以外，还要参考人家研究的结果。比方对于娼妓制度，要看人家怎样对付，结果又是怎样。禁酒问题，人家怎样立法，怎样教育，怎样鼓吹，结果都是什么。我不是说要用人所得的结果来做模范，因为那很容易陷到盲从的地步。我们只要知道在同一的问题里头，那一部分和人相同，那一部分和人不同。将各部分详细地比较，详细地参考，然后定补救底方法。

有人从美国回来，看见人家禁酒有了成效，就想摹仿人家。孰不知美国的酒害与中国底酒害很不相同，那里能够把他们底法子全然应用呢！美国的酒鬼，常常在街上打人，或是在家里打老婆；中国的醉翁，和他们是很不相同的。情形既然不同，就不能像人家用讲演或登报底方法来鼓吹。譬如要去北京底酒害，就得调查饮酒底人，看他们底酒癖和精神生计等等，有什么关系。何以酒害对于上等人不发生关系，专在下等人中间显露出来。我们拿这些事实来比较，又将别人所得的结果来参考，然后断定那用药底方法。我们能够聚集许多参考材料，把它们画成一张图表，为的是容易比较，所以参考材料不怕多，越多越好比较。

四　用药底功效

这里所谓功效，和社会学家底说法不同。社会学家不过把用药以后底社会现象记出来，此外可以不计较。社会改良家，一说就要自己动手去做，他所说的方法，一定要合乎实用才成。天下有许多好事，给好人弄坏了，这缘故是因为他有好良心，却没有好方法，所以常常偾事。社会改良家底失败，也是由于不去研究补救底方法而来。现在西洋所用的方法很多，我就将几样可以供我们参考的举出来：

一、公开事业　有许多问题，一到公开的时候，那问题已是解决一大半了。公开的意思，就是把那问题底真相公布出来，教大家都能了解。社会改良家底职分，就是要把社会底秘密，社会底黑幕揭开。中国现在有许多黑幕书籍，他说是黑幕，其实里头一点真事也没有。不过是一班坏人，用些枝枝节节的方法，鼓吹人去做坏事罢了。这里所说的公开，自然不是和那黑幕书一样。比方北京娼妓底情形，这里的人到南方去买女子，或是用几十块钱去典回来；到北京以后，所有的杂费、器具、房屋都不能自己预备。做妓女的到这时候就要借钱，但一借就是四分利息，纵使个个月都赚钱，也不够还利息的。娼妓因为经济给这班人拿住，就不能挣脱。只有俯首下心去干那丑生活。久而久之，也就不觉得痛苦了。遇着这种情形，若是调查社会的人把它发表出来，教人人明白黑幕里底勾当。以后有机会，再加上政治的权力把那黑幕除掉，那问题就完全解决了。

二、模范生活　现在有许多人主张大学移殖事业。这种事业，英文叫做Social settlement。翻出来就是"社会的殖民地"。但我以为翻做"贫民区域居留地"更好。移殖事业是怎样的呢？比方这里有许多大学的学生，暑假的时候，不上西山去，不到北戴河去，结几个同志到城市中极贫穷的区域去住，在那里教一般的贫民念书、游戏和作工等等日用的常识。贫民得着大学生和他们住在一块，就渐渐地受感化，因此可以减掉许多困难的问题。我们做学生的一定要牺牲一点工夫，去做这模范生活，因为我们对于这事，不但要宣传，而且要尽力去实行。

三、社会的立法（Social legislation） 社会的立法，就是用社会的权力，教政府立一种好的法度。这事我们还不配讲，因为有些地方，不能由下面做上来，还要由上面做下去。我们在唐山看见一种包工制度，一个工人底工钱，本来是一元，但是工头都包去招些七毛的，得七毛的也不做工，包给六毛的，得六毛的就去招一班人来，住在一个"乌窑"里头。他们的工钱，都给那得六毛的、得七毛的、得一元的工头分散了。他们一天的生活，只靠着五个铜子，要教他们出来组织工党，是不成功的。欧美各国底工人，都能要求政府立法，因为好些事是他们自己底能力所办不到的，好像身体损伤保险，生命保险，子女底保护和工作时间底规定，都是要靠社会的立法才能办得到的。上海底女子在工厂里做工，只能赚九个铜子，教他们自己去要求以上那些事，自然办不到，所以要靠着社会替他们设法。我们由历史方面看，国家是一种最有用的工具。用的好就可以替社会造福，社会改良家一定要利用它，因为它可以帮助我们做好些事。

以上三种方法，不过是略略地举一些例。此外还有许多方法，因为不大合我们底采用，所以我不讲。

结　论

　　我已经把研究社会问题四层的工夫讲完了。总结起来，可以分做两面：一面是研究的人，自己应当动手去做，不要整天住在家里，只会空口说白话。第二面是要多得参考底材料。从前就是因为没有参考材料，所以不发生问题。现在可就不然，所以我很盼望各位一面要做研究底学者，一面要做改良社会底实行家。

　　　　（本文为1920年5月15日胡适在北平社会实进会的演讲，许地山记录，原载1920年5月26日至29日《晨报副刊》）

新闻独立与言论自由
台北市编辑人协会欢迎会上讲词

主席,各位同仁:

刚才程沧波先生说我也算是一个编辑人,我的确是编过好几个报,只是没有编过日报。有一个时候,我几乎做程沧波先生的前任。上海有个大报,要我去做编辑人,那时我考虑结果,我不敢做,因为日报的工作太苦,我的生活不规则,担任不了。除日报以外,我曾编过三个周报,编过两个月报,周报最早的是《每周评论》,但最初并不是我编起来的,而是陈独秀这班朋友编的。不过在民国八年陈独秀先生被拘捕,那时没有人负责,就由我接办了几期,直到被北京警察厅封掉为止。以后又办《努力周报》,办了七十五期,有一年半,到曹锟贿选时期,我们自己宣告停止。以后的《独立评论》是三个人负责,大部分是我编的,编了五年,出了二百五十期。因为这个资格,所以我在美国做外交官的时候,美国有个新闻记者名誉协会,叫我"正在工作中的新闻记者",并送我一个金质钥匙,因为我正在做外交官。假如我知道今天会有这样一个盛会,一定会把那个金质钥匙带来给大家看看,因为有这个资格,所以刚才我敢称大家为同仁。

在参加今天这个盛会以前,我决没有想到大家要请我来说话,以为只是请我来吃饭的。到了门口才看到是讲演会,所以今天我一点没有准备,在餐桌上就请程沧波先生和曾虚白先生给我题目,他们都很客气,可是刚才主席说的话等于给了我一个范围。可是这个题目太大了,言论自由的确是个大题目。

前天在《自由中国》杂志三周年纪念的茶会上我也稍微说了几句,我说言论自由同一切自由一样,都是要各人自己去争取的。言论自由并不因为法律上有规定,或者宪法上有这一条文,就可以得来,就是有规定也是没有用的。言论自由都是自己争取来的。我为什么这样说呢?这几天与朋友们也讲过,无论世界任何国家,就是最自由、最民主的国家,当政的人以为他是替国家做事,替人民做事,他们总是讨厌人家批评的。美国当然是很尊重自由的,绝对没有限制言论自由,但是诸位还记得的吧,前两年在华盛顿,有一个《华盛顿邮报》的戏剧音乐批评家，批评总统的小姐唱歌唱的不好，杜鲁门先生就生气了。第二天自己写了一封信送给这个音乐评论专栏记者，连他的秘书也不知道，骂他，并且说，你要再这样批评，我就要打你。这件事也曾哄传一时，成为笑谈。故事开始时，我们明白，杜鲁门总统对于人家批评他的政治，已经养成容忍的习惯，不能发脾气。批评他的行为，批评他的政策，批评他的政治，他尽管不高兴，但是没有法子干涉。不过到了人家批评他小姐的唱歌好不好时，他觉得做爸爸的忍不住了，就出出气，用粗鄙的语句说要打人家。可是他的信写出以后，得到社会上很不好的反应，我可以相信，杜鲁门先生决不会写第二次这样的信。因为他的小姐唱歌好不好，别人有批评的自由，可是他写信时并没有想到戏剧歌曲家批评唱歌好不好，这也是言论自由。而且言论自由是社会的风气，大家觉得发表言论，批评政府是当然的事，久而久之，政府当局也会养成习惯，所以言论自由是要争取的。要把自由看做空气一样的不可少。不但可以批评政治，不但有批评政策的自由，还可以批评人民的代表，批评国会，批评法院，甚至于批评总统小姐唱歌唱的好不好，这都是言论自由。人人去做，人人去行，这样就把风气养成了。所以我说言论自由是大家去争取来的。这样好像是不负责任的答复，但是我想不出比这更圆满的答案。

在自由企业发达的国家,尤其像美国,他们的报纸是不靠政府津贴的。所用的纸,都是在公开市场上买的。他的收入完全靠广告。因为在自由企业发达的国家,商业竞争剧烈,无论有了那一样新的产品,大家互相竞争,所以花在广告上的钱往往不下于制造的费用。这是报纸经费最大的来源。杂志也是这样,这些条件我们都缺乏。在美国就没有一个报纸可以说是国家的。政府决不办报纸。有党籍的人办报也不是以党的资格来办。譬如有许多报纸,在选举期间,在候选人出来之前就有一种表示,有些表示的早,有些较晚,当初共和党人的报纸占大多数,然而二十年来共和党并不能当政。共和党人都是有钱的大资产阶级;民主党向来是代表农民、小资产阶级、知识阶级的党。照党的背景看来,报纸老板共和党的人特别多,应该是共和党永远当政。但是社会并不因为共和党报纸多而影响选举。英国也是一样,有一个时期,工党只有一个报,销路很小,叫做《H. R. 报》,后来销路增加,那时自由党有无数报社,然而工党已经当政了两次。这就说明这些国家没有一个报算是政府的,他们是独立的,能够自立。这与我们有很大的区别。像我们现在的困难状况之下,纸的来源要政府配给,一部分材料也得要政府帮忙,至于广告,在我们工业不发达的国家等于没有。所以广告的收入不算重要。尤其在这个困难时期,主要的报纸都是政府报，或是党的报纸，因为是政府的报、党的报，言论自由当然就比较有限制，我个人的看法，感觉到胜利之后，政府把上海几个私家报纸都收归政府办、党办，至少党或政府的股东占多数，这个政策我想是不对的。应该多容许私营的报纸存在，而且应该扶助，鼓励私家报纸，让它发展，这也是养成言论自由的一个方向。政府要靠政策行为博取舆论的支援，而不靠控制来获取人民的支持。我觉得这是言论自由里面一个重要问题，值得大家考虑的。

关于材料，包括纸、原料的配给，在现在艰难的时期，我觉得应该养成一种习惯，由编辑人协会，报业公会，外勤记者联谊会等团体，参加支配报纸。因为言论自由不应该受这种不能避免的物资的影响，这是值得讨论的，不过要想在这困难时候做到完全自由独立，确是很难。

回想我们办《独立评论》时，真是独立。那时销路很广，销到一万三千份。我们是十二个朋友组织一个小团体，预备办报，在几个月之前，开始捐款，按各人的固定收入百分之五捐款，这是指固定收入而言，临时的收入不计算，几个月收了四千多元，就拿来办报。我们工作的人不拿一个津贴，也没有一个广告，因为那时广告要找国家银行或国营机关去要，那么就等于接受了政府的津贴，等于贿赂，所以五年之中，我们除了登书刊的广告之外，没有收入。我们发表的文章有四千篇，没有出一个稿费，因为那时我们这班人确是以公平的态度为国家说话，为人民说话，所以我们即使不给稿费，人家也把最好的稿子送来。最初我们的稿件百分之九十是自己写的，后来外稿逐渐增加，变成自己的稿只有百分之四十五，外稿占百分之五十五，甚至有许多好的文章先送到我们这里来，如果我们不登，再转投其他有稿费的刊物去发表。在民国三十五年回国的时候，许多朋友说："胡先生，我们再来办个《独立评论》"，但是那时排字工人的工资比稿费还要高，我拿不出这些费用，非政府帮忙不可，而且人人都要稿费，我也拿不起，若是我办杂志而要求人的话，我就不办了。这并不是责备任何人，而是事实。这就表示在自由企业不发达的国家，又在这种局面之下，当然有许多方面不容易有完全独立或完全自由的言论。不过无论如何，自由的风气总应该养成。就是政府应该尊重舆论，我说这话是一个事实，大家应该谅解。我觉得，不要以为自己党来办报、政府来办报，就可以得到舆论的支持，没有这回事的。这种地方，应该开放，越开放越可以养成新闻独立，越可以养成言论自由，而政府也就可以得到舆论的支援。至于支配纸张材料的机关，应该由有关的团体参加，政府不要以配给政策影响言论的自由。

有人说只有胡适之有言论自由，这话不是这样说的。

从前我们办《努力周报》，正在北洋军阀时代；办《每周评论》是民国八年，也是军阀时代；办《新月》杂志是国民革命后的头两年，后来办《独立评论》，完全是国民党当政时候，是在九一八事件发生以后的几个月，我们受了"九一八"的刺激才办的，一直办了五年，到民国二十六年七月二十五日出最后的一期，二十八日北平就丢了。在这个时期，人家就曾说过胡适之才有言论自由，其实不然。我承办的头一个报就是被北平警察厅关闭的。第二个在曹锟贿选时代，当时的局面使我们不能说话，所以就自己将它取消了。后来的《新月》杂志也曾有一次被政府没收，《独立评论》也曾被停止邮寄，经过我打电报抗议以后才恢复的。当宋哲元在北方的时候，那时是1936年（民国二十五年），我新从国外归来，一到上海就看见报纸上说"北平的冀察政务委员会把《独立评论》封了"。这是因为我12月1日到了上海，所以就给我一个下马威。那时我也抗议，结果三个月后又恢复出版，所以我并没有完全失掉言论自由。为什么那时我们的报还有一点言论自由呢？因为我们天天在那里闹的。假使说胡适之在二十年当中比较有言论自由，并没有秘诀，还是我自己去争取得来的。

争取言论自由我们最重要的是要得到政府的谅解，得到各地方政府的谅解。政府当然不愿意你批评，但要得到政府谅解，必须平时不发不负责的言论。比方中日问题，我们的确对于政府有一百分的谅解，在报上不说煽动的话，即使有意见或有建议，只见之于私人的通信，而不公开发表。在那时，我们曾提出一个平实的态度，就是公正而实际，说老实话，说公平话，不发不负责的高论，是善意的。久而久之，可以使政府养成容忍批评的态度。

人家说，自由中国言论自由不多，不过我看到几个杂志是比较有言论自由的，譬如杜衡之先生办的《明天杂志》，臧启芳先生办的《反攻杂志》，我觉得他们常有严厉的批评。《反攻》上的文章对于读经，有赞成的，有反对的，这个也是言论自由。我还看见几个与党有关系的杂志，对于读经问题，批评的也很严厉。《明天杂志》对于政治的批评也颇有自由，这都是好的现象。只要大家能平实，以善意的态度来批评，是可以争取言论自由的。况且我想政府也需要大家的帮助，只要大家都说公平的话，负责任的话。今天我因为没有准备，讲的很草率，请大家原谅。

（本文为1952年12月1日胡适在台北市编辑人协会欢迎会上的演讲，收入《胡适作品集》第26册，台北远流出版公司1986年3月25日出版）

辩冤白谤为第一天理
监察院欢迎会上讲词（附答问）

院长，副院长，各位委员：

我是作老百姓的，看到监察院，就想到从前的都察院了。从前都察院的都老爷，什么人对他都尊敬，看到他，都懔懔然畏惧。今天我到这里来，也不免有懔懔然畏惧之感。历史上的都老爷——监察御史，是保障人民权利的。研究历史，我们中国虽然过去没有挂着民主政治的招牌，但是老祖宗给我们留下一点民主政治基础的，一是考试制度，一是监察制度。考试制度是平等的。其来源，可说是孔子《论语》里的"有教无类"四个字。类是什么？类是种类，是阶级。这在荀子，墨子的书里面讲得很清楚。"有教无类"，就是说，教育没有阶级。汉朝的选举，与以后的考试制度，也都作到了平等。

我们看戏,都知道《鸿鸾禧》这一出戏,是金玉奴棒打薄情郎的故事。金玉奴是一个叫化头儿的女儿,在冬天的一个早晨去开门,一位少年靠着门冻僵了,随着门一开倒在地上,金玉奴把他救醒,给他饭吃,并留住在家里。这一位少年是一个穷秀才,金玉奴看中了他,嫁给他,这位穷秀才,便作了叫化头儿的姑老爷。把病养好以后进京应考,中了进士,并放出去作官。在上任之前,回家接太太。许多人说"丐头的姑老爷作了官了"。他觉得与叫化头儿作姑老爷不大好,想换一个,坐船到了半途,在一个夜里,叫太太出来看月亮,便推到河里。水流很急,以为淹死了。到了任所唱言续弦,但是金玉奴被推下河以后,冲进到新进士上司的船旁,经救上船,收为义女,听说新进士要续弦,招为女婿。一进洞房,一般丫头都认识他,拿棒子打他,这就是所谓棒打薄情郎。大家看了这一出戏,都恨这个进士无情,但没有一个人认为叫化头儿的女婿不配做进士。

过去的考试,没有任何地位的人,只要书读得好,考中进士状元,就可以作官,作宰相。于是参加考试,就成为人民作官的一条合法道路,平等的一条道路。这是我们在世界上很可以夸耀于人的一点。

第二,我们也可以自夸于世界的,就是都察制度。从前的谏官制度,范围甚广,明朝中央各部的给事中,虽然是一个六品之官，但他的职权很大。不但可以影响到各部，就是对皇帝的圣旨，宰相的命令，也可以驳回或压下来。所以给事中的官位虽然很低，但是他的确是代表了监察谏官制度的一个很重要的部分，也可以说是中枢一个很重要的机构。同时，御史是代天巡按的，他出去代天巡按的时候，可以受理民间诉讼，以保障人民的生命财产与权利。从这些方面看，"都老爷"的确职权很大，很有威风。"都老爷"所以能有这种职权与威风的原因，历史事例告诉我们，就是民间的冤枉，与人民的生命财产和其他权利，常有缺乏保障的事情发生，所以需要有这样一个机构来为之昭雪，为之保障。当时的"都老爷"，提纠弹案件，不一定全靠证据，因他可以"闻风言事"，因此，他提出来的虽然是一个证据不充分的案件，也可以引起调查，调查结果，再按情节来弹劾。这样的做法，就是为的要保障人民的生命财产与权利，让人民的冤枉，有一个申诉的机会。明朝有一个很有名望的御史，名叫吕坤（号新吾，河南人）的，曾经在他那本《呻吟语》中说过一句话："辩冤白谤，为第一天理。"这句话，我个人读了非常感动，并且觉得是值得我们各位都老爷时常引用的。讲到这里，我顺便讲一个美国参议员执行纠弹职权的故事：美国参议院中有一个参议员，名叫麦加锡（威斯康辛州籍），在最近这两年来，可以说很出风头，恭维他的人固然多,责骂他的人也不少。麦加锡出的是些什么风头呢?就是他天天打击政府,尤其打击国务院,说国务院里头有共产党。他所以敢于这样说,就是因为他们参议院对议员发表言论的保障,也同我们立监两院一样,规定"委员在院内所发言论,对外不负责任"。因此,麦加锡就利用这个法律的保障,来打击政府,说国务院里头有多少共产党。那些左派挂民主自由招牌的人,也不时起来反击,说麦加锡利用法律的保障来侵害人家的自由,破坏人家的声誉,使人家在社会上站不住脚。这样一来,在美国舆论界,麦加锡案就慢慢形成了一个大案子,如纽约《太晤士报》和《论坛报》,都曾经著文责骂他。但是,麦加锡虽然已经几乎成了众矢之的,到了选举的时候,他不但在预选提名中获得了其本州绝大多数票,就是在十一月四号的选举中,也获得了大多数的票而当选。后来,有人问我对于这件事的看法如何?我就告诉他们说:你们不必攻击法律保障议员发言的这件事,在我们中国历史上,早就已经有"闻风言事"的事例了。我们看中国史,就可以知道"闻风言事"的确是一种保障,因为有这个保障,所以弹劾之初只凭"闻风"就行,既弹劾了,还可发动对于本案的调查。不但都察御史有这种"闻风言事"的职权,就是都察御史下面的所有官员,都有这种职权。他们听了我这番解释以后,才发现这原来是很早已经有了的制度。

的确是有它的理由的。但是，诸位也许记得，我前几天在台大讲学的时候，曾经提出两句口号，认为我们做学问，尤其是做历史考证的人，应该有此警戒，就是要"大胆的假设，小心的求证"。我刚才说"都老爷"是可以"闻风言事"的，照吕坤的说法，"辩冤白谤为第一天理"，今天我们这些"都老爷"纠弹案件，又有"在院内所发言论对外不负责任"的法律保障，我们纠弹当然是没有问题的。但是我们晓得，无论纠弹什么案件，都将牵涉到人民的生命财产或社会地位与信誉，尤其我们在"闻风言事"的时候，一方面要弹劾有势力的人，一方面又要替人民"辩冤白谤"，那么我讲的"小心的求证"这一句话，就是很重要的。比方今天我们讲反共抗俄，在这个大时代中，在我们处处都要提到国家安全的时候，我们当然要承认国家安全第一是最重要的。在这个大敌当前的时候，为了国家安全而拘捕人民，或者难免有忽略"小心求证"的地方，我们代表监察权和弹劾权的"都老爷"，就应该于此时替我们树立一个榜样，对于人民因为安全问题，受证据不充分的冤枉，或遭受拘捕超过宪法所容许的时间的时候，我站在老百姓的立场，在这里要提出一个希望，就是希望各位都老爷要挑起"辩冤白谤"的责任，要政府注重证据。如果因为证据不充分而侵犯人民的权利自由，遭拘捕而超过了宪法容许的程度，我们"都老爷"就应该替人民说话，或予以纠正。讲到这里，我要请各位注意的，就是我并不反对国家因为安全而作的种种措施，但是在这个多疑的时候，因为大家都多疑，许多问题都觉得是安全问题。在这种情况下，对于"小心的求证"，难免不有松懈或忽略的地方。这点，我们老百姓可以说毫无办法，全靠各位"都老爷"去替人民"辩冤白谤"。所谓"冤"，包括人民的生命财产权利的损失，"谤"就是代表声誉的损失。我们"都老爷"有"闻风言事"的权力，可以帮助老百姓，至少在某些地方，可以唤起各方面的注意。

最后，我还重复的说一句：为了人民的生命财产与声誉，我们需要"都老爷"负起"辩冤白谤"的责任，给人民以保障。我们的老祖宗吕坤说："辩冤白谤为第一天理"，这一个遗训，希望能够把它做到。这就是我们为了人民，为了国家，对各位"都老爷"的一个很诚恳的希望。

附答问

刚才我所说的，是说：一个制度的建立和行使及发生力量，不完全靠制度，人是最重要的。譬如汉朝御史之发生力量，就靠了几个人，看看高祖时代周昌的事迹，就可以知道。汉朝的政治制度本来是比较专制的，尤其是西汉，因有许多像周昌的谏官，建立了完整的谏官制度。后来宋朝对于谏官有一种保障。据小说传载："宋太祖谕旨'不杀谏官'"，究竟有没有这种成文法？没有考证过。但宋朝时代大家对御史的地位，都看得很高，是一个事实。这也是由于许多有名的谏官建立起来的。明朝亦复如此。明朝是我们中国历史上最荒谬，最凶恶，最没有道理的专制政治，但明朝的谏官很有权力。我刚才说过，明朝的谏官，官阶不过六七品。可是他的力量，不仅能影响宰相，还可以打回皇帝的诏谕。凡此种种都是人造出来的。诸位是行宪第一届监察委员，有替中国历史树立监察制度权威的使命。只要诸位能够真正依据宪法上一点点——刚才梁委员说并不威风的权限，而有公正的态度，爱护国家的态度，更有保障人民生命财产的态度，刚亦不吐，柔亦不茹。就可以树立权威的监察制度。树立一个制度，是不容易的，碰几个钉子算得什么！给人家骂几句，又算得什么！诸位要负起历史的使命，即一方面继续中国几千年的传统，一方面要替中华民国万世开一个新的、有力量保障人民权利的监察制度。古语说：徒法不能以自行。一个制度，不过是一个起点，站在这起点上运用它，扩充它，提高这个地位，是各位的责任。

（本文为1952年12月9日胡适在台湾监察院欢迎会上的演讲，原载1952年12月10日台北《"中央"日报》）

报业的真精神
台北市报业公会欢迎会上讲词

我自从在国内做学生，留学国外，以迄现在三四十年来，几乎年年与报界发生关系，至少与杂志社未曾断绝过关系。这几年来，我是《自由中国》杂志社名义上的发行人。所以我与各位仍是同业。我做学生时便开始办报，十六七岁主办《竞业旬刊》（罗家伦先生最近在中国国民党党史编纂委员会发现保存有该刊），一个人包办整个篇幅，用了很多的假名。外国留学时，也常常翻译小说写写散文一类的文章向报刊杂志投稿，赡家养母。后来与《新青年》杂志发生了重要关系，许多文章都在《新青年》发表，其中几篇是谈文学改革问题的，说到将来中国文学应该用什么文字作工具。那时我不过二十多岁，文学改革的文章，是在大学宿舍里与一般〔班〕朋友们讨论的结果，想不到竟引起国内老一辈的中年朋友们的赞同和支持，在我没有回国时（民国五、六年），国内文学革命的旗帜已经打了起来，白话运动弥漫全国，报纸杂志都热烈讨论，以后我也常常参加。继《新青年》之后，我加入了陈独秀、李大钊所办的《每周评论》。那时我有一个主张，认为我们要替将来中国奠定非政治的文化基础，自己应有一种禁约，不谈政治，不参加政治，不与现实政治发生关系，专从文学和思想两方着手，做一个纯粹的思想文化运动。所以我从那个时候起二十年不谈政治，不干政治，这是我自己的禁约。可是一般〔班〕朋友说："适之不谈政治，我们要谈政治。"所以民国七年先慈去世，我奔丧回安徽，他们以《新青年》不谈政治，另办一个周刊——《每周评论》，过过瘾。等我回北平已经出刊几期了。民国八年陈独秀被捕，《每周评论》无人主持，便由我接办，直到北平警察厅查封为止。后来又办《努力周报》，办了一年半，出刊七十五期。《努力周报》，是谈政治的报。以前我们是不谈政治的，结果政治逼人来谈。后来只是不干政治。正如穆罕默德不朝山，山朝穆罕默德一样，把二十年不谈政治的禁约放弃了。不过二十年不干政治的禁约，至少我个人做到了。抗战时期政府征调国民服务，先要我到美国去做非正式的国民外交，继派我为驻美大使，做了四年的外交官，这是我立禁约的第二十一年，可算已超出于二十年不干政治的期限，坚守住了二十年不干政治的禁约。我与日报的关系是常替天津《大公报》写文章，《大公报》的"星期论文"就是我替张季鸾先生、胡政之先生计划的，请《大公报》以外的作家每星期写一篇文章，日程也多由我代为排定。这样，报馆的主笔先生每周至少有一天休息。这种方式旋为国内各报所采用。我认为办报只要采取锲而不舍的精神，用公平态度去批评社会、教育、文化、政治，有毅力地继续不断的努力做去，终是有效的。佛教《法华经》有一句话："功不唐捐"（"唐"古白话"空"字），意思说，努力是不白费的。譬如提倡中国文学白话运动，原是偶然的，我在文艺协会座谈会说过。1915年，康乃尔大学中国留学生的男同学欢迎一位中国女同学，餐后泛舟游凯约嘉湖，忽然天气骤变，乌云四布，大家急于回来，但船将靠岸，暴风雨已经发作，大家匆忙上岸，小船竟翻了，幸而没有发生事情，不过大家的衣服都弄湿了。男同学中的任叔永先生事后寄了一首旧诗给我（我那时在哥伦比亚大学），题名"凯约嘉湖覆舟"。游湖、遇雨、覆舟、写诗，这些都是偶然发生的；我看了那首旧诗，也偶然的产生了一种感想，觉得诗的意思很好，但用字不划一，有今字，有《诗经》里的古字。《诗经》里的古字，是二千年前死了的字，已不适用于今天了，我随即复了一封批评的信。这封信又偶然给哈佛大学守旧的梅光迪先生看见了，很生气的骂我的批评是邪说。我为替自己的主张辩护，便到处搜集材料证据，来证明中国文学应该用活的语言文字，应该用白话，不论是写文章和作诗；便在《新青年》发表了《文学改良刍议》，提出八条意见。陈独秀先生是主张革命的，继我而发表了《文学革命论》(文学革命的名词便是由此而来)，这样一来，文学革命的旗帜已经展出来了，"伸头一刀，缩头也是一刀"，只好硬着头支撑起来。当时我们认为我们的思想主张必为将来中国的教育工具和一切的文学工具。白话可以写诗、可以写散文、小说、韵文，不仅可以写通俗的诗词韵文，并且可以写高深的诗词韵文。小说用白话写，在数百年前已经有伟大的小说如《七侠五义》、《西游记》、《封神榜》等可作证据；诗词方面，历史上大诗人所作的诗，凡是易于记诵的，都是白话文。关于这一点，许多人还是不肯信服，认为古人的诗有白话是偶然的。我为此于民国五年七月十六日写信告诉朋友们说，从即日起我不作诗了，要作诗就是白话诗。民国六年元旦我把这个主张同时发表在国内的《新青年》，和美国留学生办的季刊上。我们当时曾细细想过：文学革命运动是对的，但一定会有人反对，一定会遇到阻碍，我们准备奋斗二十五年至三十年，相信一定可以成功。因为所有现代国家都经过了文学革命的阶段，如五百年前的西欧是用拉丁文，东欧是用希腊文，先由意大利发动文学革命，提倡用白话，以后法德英国整个欧洲，一个个的都用新的活的语文，所以我们认定我们的主张必会成功。结果出人意料之外，原拟奋斗二十五年至三十年的，只做了四年工夫（民国六年到九年）时机便成熟了。民国九年北京的反动政府教育部也受了舆论的震动，没有法子拒绝，颁布了初级小学一二年级的教材用白话文来编。殊不知学校制度是有机体的，一二年级教材用白话文，三四年级教材也就不能不用白话文了，这样白话文便打进了学校。民国八年的五四运动，是爱国运动，全国学生为响应这一运动，出版了四百多种刊物，都是篇幅很小，有些像包脚布，也有油印的壁报。但全部是用的白话。这是一般青年感觉北大这班教授提倡的白话一点不错，采用为发言的工具了，用不着我们开学堂来训练，只要把想说的话放胆的写出来就行了。大家看《红楼梦》、《水浒传》等小说，就是学习写白话的模范，用不着再找教师。以我的经验，中国的白话，是最容易的一种语言工具，可以无师自通，几百年来的老祖宗，给了我们许多的教材。同时我觉得中国的语言，是全世界最容易学，最容易说的语言；文法上没有性的区别，没有数量的区别，也没有时间的区别。你来、他来、我去、你去，没有变化；他昨天来（过去的）、今天来（现在的）、明天来（将来的），没有变化。话怎么说，文章便怎么写。所以五四运动，各地青年学生要发表思想情感，无师自通的工具——白话文便自然的产生出来了，使北京政府教育部不得不接受这一运动，不得不颁布小学一二年级教科书改用白话文来编。跟着，新诗、新的散文、小品文、新的戏剧、新的短篇小说、长篇小说、新闻短评、长论文，都出来了。我们预备奋斗二十五年至三十年的，想不到四年工夫，我们便胜利了。我们应该相信，我们这一行业——报业，确是无冕帝王，我们是有力量的，我们的笔是有力量的。只要我们对这一行业有信心，只要我们的主张是站得住的，有材料，有证据，不为私，是为公，以公平的态度锲而不舍地努力下去，"功不唐捐"，努力是不会白费的。提倡白话文运动，四年小成，十年大成，终于普及全国，这就是一个证明。当此国家多难，时局动荡激烈，全世界也陷于危机的时候，报业当然也遇上了困难。今日自由中国只有十三份报纸，公营民营报纸经营都有困难，只要靠配给；并受人口的影响，销路不多；商业不发达，登广告的少。这些困难，我一看便知道，我很同情。不过，我们干这一行的，应该有一种信仰，要相信"功不唐捐"，努力是不白费的。我们贯彻一种主义，预定十年，也许三、五年便发生了效果。我们不必悲观失望，不必求速效，我们的职务是改变人的思想习惯，改变思想习惯就是改变人的作风。思想习惯都是守旧的、难得改的，可是久而久之潜移默化，不知不觉中会发生效果。这类的事，我这过了六十二岁的人，是见过很多的。如当年梁启超先生在海外办《新民丛报》，倡导维新，竟至影响了国内全国的政治社会！革命的前辈在海外办《民报》，鼓吹革命，满清政府禁止其运入国内，许多留学生却将《民报》缝入枕头，偷偷的运回国内秘密传观，流行的数量这样的少，可是几年中全国青年人接受了革命的思想，促成革命的成功，这是孙中山先生所梦想不到的！他们远在海外，以少数几个人的力量，凭着胆量勇气，提倡理想的主张，在短时期内，便震动全国，证明报业是有力量，足以自夸的高贵的职业。我们看一看六十年的中国历史，可以知道中国以前的报馆是可怜得很，少数几个人包办一切，几张破桌椅，便算设备，那有现在的人材济济，更没有这样阔绰的"记者之家"，可以在工作之余，来喝茶"白相"。刚才谈到报纸的广告少，这是不能怪商人不懂广告效用，不明广告价值，不送广告来登；广告是要靠报馆提倡，要靠自己去找的。美国广告的发达，也不过是数十年的历史；美国克蒂斯出版公司出版三种报纸杂志——《星期六邮报》、《妇女与家庭》杂志和《乡下人》，他们先是推广报纸杂志的销路，再全力宣传广告效用，派人出去招揽广告。结果，业务蒸蒸日上，极一时之盛。近代广告的演进，渐渐成了广告学，甚至广告心理学，用广告来引起人的欲望，引起购买的动机，向人们展开攻势，争取广告。大家如果能够研究用策略战略去争取广告，我敢担保广告一定会发达。我下次来的时候，台湾各报的广告，必有可观的成绩。广告成为美国的宠儿，就是美国人懂得广告心理。在中国的都市中广告比较发达的是上海，而上海最初懂得利用广告的是中法药房创办人黄楚九。黄楚九懂得广告心理学，他制售补脑汁，不说是他自己发明的黄医生补脑汁，而说是德国艾罗医生的发明，以加强购买者的信心。所谓艾罗即英文的Yellow。这种作法，当然是不足为法的，但是做广告要懂得心理学，这里可以得到一个证明。由于黄楚九的懂得运用广告，广告在上海才引人注意。在台湾，大家不妨现在就发起一种广告运动，凭了各位先生各位小姐的才干，广告一定能够打开局面，报业一定能够大发达。我向来是乐观的。朋友们都说我是不可救药的乐观主义者，今天我也就是以不可救药的乐观主义者和大家讲话，诸位不妨发起一两种小运动来试试看，我相信必会有圆满的收获。谨以"功不唐捐"作为记者之家的格言。

（本文为1953年1月7日胡适在台北市"记者之家"的演讲，原载1953年1月8日《"中央"日报》）

新闻记者的修养

做一个新闻记者，不但要有广泛的无所不知的知识，同时在学术上道德上也应该有相当的修养。特别是未来的新闻记者，要多看侦探小说。

我们中国文学的唯一的缺点，就是没有翻译的最好的侦探小说。现在有许多报纸都刊武侠小说，许多人也看武侠小说，其实武侠小说实在是最下流的。侦探小说是提倡科学精神的，没有一篇侦探小说，不是用一种科学的方法去求证一件事实的真象。希望同学们能多看"福尔摩斯"一类的良好的侦探小说，不但可以学好文学与英法等外国文字，同时也是学习使用科学方法的最好训练。

明朝有一位大哲学家吕坤，是十七世纪一位很有地位的思想家。他曾经这样说过："为人辩冤白谤，是第一天理。"他的这句话在今天仍有许多人提到它。当一个新闻记者，不论在任何一个国家,都有这一种替人"辩冤白谤"的责任。这是一件很大的事,也是一种很重要的修养,尤其是在今天我国警察、司法、军法各方面尚在比较幼稚的时候,责无旁贷的,我们当一位新闻记者的,都应该有此义务。

我今天要讲两个故事,来说明"为人辩冤白谤"的意义。这两个故事是两个有名的案件。第一个案件是最近出版的美联社及芝加哥《太阳报》记者勃雷纳(Brennan)所写的《被偷去的年龄》(The Stolen Years)一书中所说的案件,第二个案件是轰动世界的,连《大英百科全书》中都有详细记载的兑夫司(Dreyfus)案件。

关于第一个案件,那是1933年的事。那时勃雷纳才二十五岁,在那个时候,芝加哥发生了一个离奇的绑票案。一个名叫法克脱(Factor)大流氓自称被绑,并且被关在一个地窖子里十二天,一直到缴了钱才放出来。他这些话是对警察与新闻记者说的。他说这话时勃雷纳也在场。勃雷纳当时听了法克脱的话,就觉得有点奇怪,一个被关在地窖子里十二天的人,怎么衣服都那么整齐,没有丝毫绉纹,同时他又听到一个警察在说,芝加哥天气这么热,怎么他的身上没有臭气。勃雷纳把这两件事记在心上。后来,那个自称被绑的大流氓法克脱指认另一个大流氓杜希(Jouhy)是绑他的人。这案子便开庭审了好几次,同时警察当局又派了一名专家调查此事。

当年芝加哥的警察很腐败，暗中与流氓恶势力勾结，因而那位被派的专家也是一个流氓，他是一个包庇赌博发大财的人，人家说他是世界上最有钱的警察。这个案子本来是流氓消灭敌人的一种手段，杜希原是被冤枉的，可是审判结果，他被判了徒刑九十九年。勃雷纳自从法克脱自称被绑的那天起，就开始注意此事。杜希判罪之后，他便时常去狱中看他，与他谈天，并把他的谈话做成纪录，并替他找证据，因为他觉得杜希是冤枉的。勃雷纳自从1933年以来经过二十七年的努力，社会终于注意到这件案子，到今年十一月这位被冤枉了很久的杜希终于被保释了。

同时，勃雷纳的书《被偷去的年龄》也于同日出版，在这本书里，勃雷纳指出两点，一点是当审问时法克脱几次改变他自己的供词，另一点是在检察官提出的证人之中，有一个在绑架的十二天之中，并没有在芝加哥，他是一个伪证。勃雷纳说："人问我为什么要给一个流氓作辩护。我对他们说：你们看看这个可怜的人，他从没有机会把他的案子向大家申诉。我做这件事，得到的我个人自觉的满意是你们想像不到的。"

第二个案件，是法国与德国的世仇。1871年法国与普鲁士战争失败，割地赔款求和之后，双方间谍与反间谍工作，活跃得非常厉害。1894年法国有一个生活放荡沉湎酒色的军人，名字叫作爱司特哈士（Esterhazy），他与德国大使馆陆军武官勾结，把自己国家的机密文件偷偷的卖给德国，但不巧他的那张出卖的各种文件的清单又被法国在德国大使馆做反间谍的人员拿到。经过一番研究与秘密调查之后，终于疑心到一个完全没有关系的无辜的犹太人身上。这个犹太人名字叫做兑夫司（Dreyfus），他是炮兵上尉，在陆军部工作。由于他的笔迹与那张清单上有点像，并经笔迹专家判断，虽然有的说是他的，有的说不是他的，他终于被认定算做他的，于是他在1894年11月15日被捕了，在军事法庭审问的时候，虽然他始终坚持是无辜的，而军部的证据又是那么的薄弱，仅仅那一件无名的单子和笔迹专家的证明，可是陆军情报局要成立他的罪名，捏造了许多秘密证件，军事法庭终于在同年12月22日宣判了他犯了卖国的叛逆大罪，送他到一个警备区域去终身监禁。1895年3月又被送往南美北岸法属魔鬼岛去监禁。

对于兑夫司的判罪，他的家人与朋友都相信他是无罪的，但是他们没有证据，无法请求复审。但不久有一位情报局的官员卞开纳上校（Col. Pieqner）在1896年却发现了一个德国大使馆的武官写信给法国陆军少校爱司特哈士的信稿，这写稿虽是撕碎了，但显然他证明了法国陆军部里有人被德国雇用，于是他便开始侦查，很快的就查知爱司特哈士的一切，并经核对笔迹的结果，证明了军事法庭原有的"单子"

的笔迹正是他的。卞开纳把这事报告参谋部总长与次长,但那些大官不愿意重开审判,因此就禁止他继续进行调查。同时还把他调往非洲。卞开纳在去非洲之前把这事告诉了他的一位朋友,他是一位律师。这位朋友又把这事告诉了当年法国上议院的副议长,他们都相信兑夫司是无罪的。

1897年兑夫司的哥哥也发现那单子上的笔迹是爱司特哈士的,他就向陆军部正式控告,但参谋部不愿意认此大错。军事法庭开审结果,爱司特哈士无罪。卞开纳被捕下狱。法国的舆论界成为两派,一派说袒护兑夫司这个卖国贼的就是卖国贼,另一派是智识分子,他们在报纸上为兑夫司打抱不平,最著名的是《晨光报》上的克里蒙梭和《世界报》雷因拉克等。当年法国的大文豪左拉也写了一篇《我控拆》的文章,指责埋没事实,埋没真理,让有罪的人逍遥法外,使无辜的人受冤沉海底。但是陆军部生气了,告了左拉一状,他被判罪了。

虽然这样,但是反对翻案的人还在继续伪造证据。陆军情报局的副局长亨利上校在1896年伪造了两封信,说是义大利驻法大使馆陆军武官写给德国驻法大使馆武官的,信里特别提到兑夫司的名字。这二封信后来在国会里宣读了,兑夫司的罪是铁定了。但是被卞开纳发表了一封给法国总理的公开信,指出了这封信是伪造的,拼凑的,结果亨利上校被捕下狱,畏罪在狱中自杀。这时候政府准了兑夫司太太的呈诉状,把全案卷送最高上诉院。

经过了几个月的密查,上诉院才宣告取消了原来的判决,才决定令军事法庭重开审判,1899年军事法庭以五票对二票表决兑夫司有犯罪嫌疑,判徒刑十年。

由于这件案子已是世界注目的案子,法庭判决震惊了整个世界,于是在9月19日,法国新总理Louber下令特赦,释放兑夫司。又过了几年到1903年,另外发现了一些新的事实,引起了新的审判的要求。1906年7月12日法国最高上诉院宣判,才完全推翻1894年的判决。政府下令恢复兑夫司的军人身份,任命他为炮兵队的少校。这案子从1894年到1906年经过了十二年,才真相大白。

由于以上两个案子,我们可以充分的看出,社会上一个人的生命与名誉,不仅是在于法官与法庭,同时有一部分是在于我们这些拿笔杆的人的手里。因此做一个新闻记者,必须要为人"辩冤白谤"的精神。希望青年的朋友们学看侦探小说,并从现在起努力去培养为人"辩冤白谤"的修养,以达成一个新闻记者的任务。

(本文为1959年12月8日胡适在世界新闻学校的演讲,原载1959年12月9日台北《"中央"日报》)

大宇宙中谈博爱

"博爱"就是爱一切人。这题目范围很大。在未讨论以前,让我们先看一个问题:"我们的世界有多大?"

我的答复是"很大!"我从前念《千字文》的时候,一开头便已念到这样的辞句:"天地玄黄,宇宙洪荒。"宇宙是中国的字,和英文的Universe,World意思差不多,都是抽象名词。宇是空间(Space)即东南西北;宙是时间(Time)即古今旦暮。《淮南子》说宇是上下四方,宙是古往今来。宇宙就是天地,宇宙就是Time-Space。古人能得"Universe"的观念实在不易,相当合于今日的科学。但古人所见的空间很小,时间很短,现在的观念已扩大了许多。考古学探讨千万年的事,地质学、古生物学、天文学等等不断的发现,更将时间空间的观念扩大。

现在的看法:空间是无穷的大,时间是无穷的长。

古人只见到八大行星，二十年前只见九大行星。现在所谓的银河，是古代所未能想像得到的。以前觉得太阳很远，现在说起来算不得什么，因为比太阳远千万倍的东西多得很。

科学就这样地答复了"宇宙究竟有多大？"这个问题。

现在谈第二点：博爱。

在这个大世界里谈博爱，真是个大问题。广义的爱，是世界各大宗教的最终目的。墨子可谓中国历史上最了不起的人，可说是宗教创立者（Founder of Religion），他提出"兼爱"为他的理论中心。兼爱就是博爱，是爱无等差的爱。墨子理论和基督教教义有很多相合的地方，如"爱人如己"、"爱我们的仇敌"等。

佛教哲学本谓一切无常，我亦无常，"我"是"四大"（土、水、火、风）偶然结合而成的，是十分简单的东西，因此无所谓爱与恨——根本不值得爱，也不值得恨。但早期佛教亦有爱的意念在：我既无常，可牺牲以为人。

和尚爱众生，但是佛教不准自食其力，所以有人称之为"叫化"（乞丐）宗教。自己的饭亦须取之于人，何能博爱？

古时很多人为了"爱"，每次登坑（大便）的时候便想，想，大想一番，想到爱人。有些人则以身喂蚊，或以刀割肉，以自身所受的痛苦来显示他们对人的爱。这种爱的方法，只能做到牺牲自己，在现代的眼光看来，是可笑的。这种博爱给人的帮助十分有限，与现代的科学——工程、医学……等所能给我们的"博爱"比起来，力量实在小得可怜。今日的科学增进了人类互助博爱的能力。就说最近意大利邮船Andrea Doria号遇难的事吧，短短的数小时内就救起千多人。近代交通、医学……等的发达，减少了人类无数的痛苦。

我们要谈博爱，一定要换一观念。古时那种喂蚊割肉的博爱，等于开空头支票，毫无价值。现在的科学才能放大我们的眼光，促进我们的同情心，增加我们助人的能力。我们需要一种以科学为基础的博爱——一种实际的博爱。

孔子说："修己以敬，修己以安人，修己以安百姓。"修己就是把自己弄好。我们应当先把自己弄好，然后帮助别人；独善其身然后能兼善天下。同学们，现在我们读书的时候，不要空谈高唱博爱；但应先努力学习，充实自己，到我们有充分能力的时候才谈博爱，仍不算迟。

（本文为1956年9月17日胡适在美国中西部留美同学夏令大会上的演讲，由《灯塔》特约记者简新程记录，原载1957年2月1日香港《灯塔》第8期）

纪念林肯的新意义

我很感谢"美国之音"邀我参加林肯总统的一百五十年大庆典。

我是1946年制定中华民国宪法的国民大会的一个代表，我想说一个故事，让我的美国朋友们知道林肯的思想怎样会变成了中华民国宪法的一部分。

中国革命的领袖，中华民国的"国父"孙中山先生平常说，他所提倡的三民主义和美国林肯总统的三句话是相通的：林肯说的"The government of the people, by the people, for the people."当时还没有适当的翻译。中山先生的自己翻译是"民有，民治，民享的政府"。他说，他的民族主义就是"民有"，民权主义就是"民治"，民生主义就是"民享"。

孙中山先生死在1925年。他死后二十一年，这些思想就概括在中华民国宪法的第一条里，这一条的全文是：

中华民国，基于三民主义，为民有，民治，民享之民主共和国。

所以我们可以说，林肯的盖梯斯堡演说的一部分，用孙中山先生自己翻译的文字，永远生存在中华民国宪法里。我相信这是我们中国人民对林肯表示的最高的崇敬。

今天我们庆祝林肯一百五十年的纪念，正当全世界的危机时期，我们不能不感觉林肯的生平事业对我们有一种新的意义。

这种新的意义就是：林肯当日面临的是一个分裂的国家，我们今天面临的是一个分裂的世界。分裂林肯的国家的，是一种把人作奴隶的制度。分裂我们今天这个世界的，是一种把人作奴隶的新制度。

在一百年前，林肯曾宣言：

一个自己分裂的家庭是站不住的。

我相信，在一半是奴隶，一半是自由人的状态，这个政府是不能长久存在的……将来总有一天或者全部是奴隶，或者全部是自由人。

林肯本人是反对奴隶制度的，他相信一切的人，无论什么地方都应该自由。

但他也是一个搞实际政治的政治家,所以他总不免有一种希望——一种无可奈何的希望:他总希望反对奴隶制度的人们能够"限制这种制度的推广",能够"把这种制度认作一种不可再推广的罪恶,但是因为这种制度确已存在我们的社会里,我们只好容忍它,保护它"。

他这种希望,若用近几年流行的名词来说,可以叫做"围堵"和"共存"的政策(The policy of "Containment" and "Co existence")。

但是林肯没有机会可以实行他的"围堵奴隶制度"的政策。从他被选作美国大总统,到他就职,在短短的几个月里,已有七个南方的邦宣告脱离联邦国家了,他们已成立了一个临时政府,并且把独立各邦境内的多数炮台也占领了。

林肯就总统职之后三十九天,战争就爆发了,——那个可怕的战争一直延长到四年之久。

林肯总统迟疑了一年半,方才颁布他的释放南方各邦境内全部黑奴的命令。最后的解放黑奴命令,1863年元旦颁布的。

当他迟疑不决的时期,林肯在一封信里曾说:

我的最主要的目的是要救这个联邦国家。……如果不解放一个奴隶而可以救国，我要干的。如果解放全部奴隶而可以救国，我也要干的。

当时战事的延长扩大，使他不能不承认释放奴隶的命令不但是道德上的必要，并且是军事上的必要。

直到今天，全世界最不忘记的，最崇敬的林肯，就是那位伟大的奴隶解放者林肯。

我们现在纪念林肯的生日，我们很自然的都回想到他在一百年前说的那几句富有预言意味的话：

我相信，在一半是奴隶，一半是自由人的状态，这个政府是不能长久存在的。……将来总有一天，或者全部都是奴隶，或者全部都是自由人。

林肯在一百年前说的这几句话，今天在我们的心里得着同情的响应，正因为我们现在正面对着一种新起的，更残酷的奴役人们的身体与精神的奴隶制度——这种新起的奴隶制度已经把一个很大部分的人类都变作了奴隶，并且还在很严重的威胁着整个世界。

我们在自由中国的人，在自由世界的人，都常常忍不住要问问我们自己：

我们这个一半是奴隶,一半是自由人的世界能够长久存在吗?

这个一半是奴隶,一半是自由人的世界究竟还能够存在多么久呢?

是不是将来总会有一天,——正如林肯在一百年前悬想将来总会有一天,或者全部都是奴隶,或者全部都是自由人?

我相信,这是林肯在今天给我们的新意义。

(本文为1959年1月29日胡适在台北美国新闻处的录音稿,送《美国之音》广播,原载1959年2月16日台北《自由中国》第20卷第4期)

怕老婆的故事[1]

刚才董彦堂（作宾）先生将本人的生日和内人的生日作了一个考证，说我是肖"兔"的，内人肖"虎"，当然兔子见了老虎就要怕。他这个考证使我想起一个笑话：

记得抗战期间，我在驻美大使任内，有一位新闻记者写了一篇关于我的报导，说我是个收藏家：一是收藏洋火盒，二是收藏荣誉学位。这篇文章当时曾给我看过，我觉得没有什么不可以的地方，就让他发表了。

谁知这篇文章发表之后，惹出大乱子来。于是有许多人寄给我各式各样的洋火盒，因此我还得对每个人写信去道谢。后来我把自己的洋火盒寄给一些送给我洋火盒的人，谁知有一位朋友把我送的洋火盒在报上刊出来（我的洋火盒是我篆文姓名胡适两字的图章，白底红字的封面），于是又惹来不少麻烦，很多读者纷纷来信向我要洋火盒。我的收藏洋火盒，并不是

---

[1] 此题目为编者所加。

有特别大的兴趣；只不过是我旅行到过的旅馆，或宴会中的洋火盒，随便收集一些；加上别人送我的，在我的大使任内，就积有五千多个，后来都留在大使馆内。

另外是收藏荣誉学位三十多个，这都是人家送的，不算是我的收藏。

我真正的收藏，是全世界各国怕老婆的故事，这还没有人知道，这个很有用，的确可以说是我极丰富的收藏。世界各种文字的怕老婆故事，我都收藏了。在这个收集里，我有一个发现，在全世界国家里，只有三个国家没有怕老婆的故事，一个是德国，一个是日本，一个是苏俄。现在我们从这个收藏里可以得到一个结论：凡是有怕老婆故事的国家，都是民主自由的国家；反之，凡是没有怕老婆故事的国家，都是独裁的或极权的国家。

苏俄没有怕老婆的故事的，当时苏俄是我们的同盟国，所以没有提出，而意大利倒有很多的怕老婆故事。到了1943年夏天，我收到玛吉亚维利（Machiavelli）写的一个意大利最有名的怕老婆故事，我就预料到意大利是会跳出轴心国的，果然，不到四个月，意大利真的跳出来了。

（本文为1959年12月17日胡适在台湾"中央研究院"同人祝寿会上的演讲，收入胡颂平编撰：《胡适之先生年谱长编初稿》第5册）

谈谈四健会的哲学

主席、各位先生、各位小姐：

大家都知道四健会按原来英文"4-H CLUBS"的次序是 Head（头脑）、Heart（心）、Hands（手）、Health（身体健康）。蒋梦麟先生在"四健运动"一文里，说"训练会员健手、健身、健脑、健心"。梦麟先生改动四健的次序，好像不是无意的，我想他有意的要大家先从两只手开始，从健手健身做到健脑健心。

四健会的会歌里有这一句："行中求知，精益求精。"这歌词是梦麟先生做的。四健会的标准语中有："从工作中学习，从学习中工作。""工作要先做计划，计划要切实推行。""要以工作的纪录表现工作的成绩。"我猜想这几句标语里也有梦麟先生的手笔。蒋梦麟先生做了几十年的教育教授，教了几十年的教育哲学，他是一个教育哲学家，提倡这个"四健运动",不是完全抄袭外国的"4-H CLUBS"的。他一定仔细想过,他好像已经不动声色的把他的教育哲学做了四健会的哲学了。

我的猜想未必全对,但你们这个"四健会"的背后有一种教育哲学,是毫无可疑的。这种哲学就是"行中求知",就是"从工作中学习,从学习中工作"。这就是四健会的教育哲学。这种哲学也可以说是孙中山先生的"行易知难"学说的一个中心思想,就是他说的"以行而求知,因知而进行"(《孙文学说》第五章)。这种哲学也可以说是蒋梦麟先生和我的老师杜威先生的实验主义的教育哲学,就是"教育就是生活,教育就是继续不断的改造我们的经验,要使我们的生活格外有意义,要使我们主管未来生活的能力格外高明"。

总而言之,我从旁观察,你们这个"四健运动"有一种教育哲学做中心,大概是因为你们参加这个运动的五六万青年朋友都是努力作实际工作的人,所以你们的哲学家蒋梦麟先生平时就不肯多谈这个运动背后的哲学了。

蒋先生叫我今日到这儿来谈话,我昨天才看见"年会活动时间表",才知道我今天的任务是"专题讲演",我没有"专题"可以讲,只好来谈谈"四健会的哲学",谈谈"四健会的教育哲学"。我的看法是:向三百位青年朋友谈谈你们这个运动背后的"哲学",也许有点用处,也许可以给你们的工作增添一点意义,增添一点新兴趣。所以我今天指出你们唱的四健会歌里的"行中求知"就是你们的哲学;你们的标语"从工作中学习,从学习中工作",也就是你们的哲学。

"行中求知"四个字,"从工作中学习"六个字,都可以说是"四健运动"的远大的意义,根本的意义,所以说是你们的哲学,是你们的教育哲学。这就是说:你们生活的是一种新的教育方法,你们的工作就是学习,就是求知识,就是学习活的知识,活的技能,就是增加生活的能力,就是活的教育。这就是说:教育不完全靠书本,不完全靠课堂上的教科书知识,不完全靠学校上课。活的教育,有用的教育,真实的教育可以从生活里得来,可以从工作中得来。这种从工作中得来的教育往往比课堂上书本里得来的教育还更有用,还更有价值。

这种"行中求知","从工作中学习"的教育哲学,我国思想史上曾有人主张过。这种哲学很有点像三百年前中国北方起来的一个学派的思想。那个北方学派叫做"颜氏学派",因创立的哲学家叫做颜元,他号叫习斋,故也叫做"颜习斋学派"。

诸位四健会的青年朋友都是从农村来的,我要介绍给你们这位哲学家颜元是真正从农村里出来的中国哲学家,他是直隶省博野县人,他的父亲从小被卖给邻县一个姓朱的人家做儿子,所以改姓朱,颜元小时也姓朱。他四岁时,满洲兵打进来,他的父亲正同朱家闹气,就跟着满洲兵跑到国外去了,从此没有信息。颜元十岁时,明朝就亡国了,十二岁时,他母亲改嫁去了,颜元就在朱家长大,在农村私塾里读书,他很聪明,也很顽皮,但因为他聪明,也读了不少杂书,也学做八股文章。后来朱家也衰败了,颜元到廿岁时,因家贫无法维生,只有种田养家,又读了一些医书,学做医生;又考取了秀才,他就开了一个蒙馆教小学生。他一面种田,一面教小学生,有时还做医生,他的生活是北方农村的蒙馆先生的生活。

颜元喜欢读宋朝明朝的哲学书,自命要做圣人贤人。宋朝、明朝的哲学家教人静坐,他做了十多年的理学功夫,到了三十四岁,他才从自己的痛苦经验中得到一种思想上的大感悟、大革命。

他发觉静坐是无用的,读书不是教育。他大胆的说:宋朝、明朝的大哲学家教人静坐,教人谈天说性,教人空谈道理,都是错的,都是错了路,都违反了中国古圣人孔子、孟子的思想,都不是真学问,也不是真教育。他反对静坐,反对读书,反对静的教育。他提倡一种动的教育、活的教育,他说，真的知识必须从动手实习做得来，因为他注重动，实做实习，所以他自己取"习斋"做名号。

宋朝以来的哲学家都爱讲"格物致知"。"格物"有种种说法，颜元都不赞成。他说"格物"的"格"字就是"手格野兽"的"格"字，"格"就是"犯手去做"，就是动手去做实习。他自己种田，又做医生，两种职业都需要动手去做，所以他的思想特别注重实做实习。所以他反对一切"谈天说性"的玄谈。他说："谈天论性，聪明者如打浑猜拳，愚浊者如捉风听梦。"他有许多新鲜的、含有思想革命意味的见解，我只能引他两段话，来表现他的教育思想。

（一）以读经史订群书，为穷理处事以求道之功，则相隔千里。以读经史订群书为即穷理处事，曰道在是焉，则相隔万里矣。……

譬之学琴然。《诗》《书》如琴谱也，烂熟琴谱，可谓学琴乎？更有妄人指琴谱曰是即琴也。……谱果琴乎？……歌得其调，抚娴其指，弦求中音，……声求协律，是谓之学琴矣，未为习琴也。……

手随心，音随手……是谓之习琴矣，未为能琴也。

心与手忘，手与弦忘，……于是乎命之曰能琴。……

(二)譬之于医，《黄帝内经·素问·金匮》……所以明医理也。而疗疾救世则必诊脉、制药、针灸、摩砭为之力也。

今有妄人，止览医书千百卷，熟读详说，以为予国手矣；视诊脉、制药、针灸、摩砭，以为术家之粗，不足学也。书日博，识日精，一人倡之，举世效之。歧黄盈天下，而天下之人病相枕，死相接也，可谓明医乎？

愚以为从事方脉、药饵、针灸、摩砭、疗疾救世者，所以为医也。……若读尽医书而鄙视方脉、药饵、针灸、摩砭，此妄人也，不惟非歧黄，并非医也。尚不如习一科，验一方者之为医也。

这是颜习斋的"犯手去做"的教育哲学，也就是四健会"从工作中学习"、"行中求知"的教育哲学。

（本文为1961年2月3日胡适在台北四健会年会上的演讲，原载1961年2月4日台北《"中央"日报》）

太平洋会的规律

太平洋学会两年前在上海开会的时候，鄙人曾经很荣幸的充任主席，今天在这和平美丽的环境之下，并且得加拿大诸位同志光荣指导，能躬逢第五次大会之盛，这是鄙人感觉异常愉快的。

两年前，鄙人在致大会开幕词的时候，曾经说过："今天本会开幕，至少的将要长久的被纪念着，不但在本会的纪录簿上如此，就是在其他具有国际性的一切团体里也要这样，因为我们能树立一种光荣的先例，就是：在和平时候拿着具有国际眼光自期的人士，遇见有狂妄的行为得势，感情支配一切的日子，一定不可抛弃冷静的思考，忍耐的研究和开诚的讨论的理想。"在目前狂妄的行为依然得势，感情依然支配着一切的时候，我们太平洋学会的各代表又来到这里开会，对于使得太平洋各国发生歧见的各种问题，又在冷静的思考着，开诚的讨论着，这是一件很可以感慰的事，莅会的全体代表诸君，现在显然是没有什么不满意，去接受上海大会所树立的先例。代表目前关系不十分严格和善的国家的代表诸君，这一次莅会，并没有带着上次沪会开幕以前几星期中所抱的怀疑和犹豫。

今天晚上，应加拿大协会的宠招，吩咐鄙人代表中国代表团说几句话。诸位当中，或许有人期待鄙人，用中国代表的资格，要陈述远东冲突事件当中，中国方面的理由。倘使有人存着这种期待，那就一定不能够得到满足了。鄙人今晚倘使利用这个机会，发表宣传性的演词，未免对于主人方面是失礼。

鄙人是学哲学的，所以在诸位前面，想略微发表一种关于太平洋会的餐后哲学演讲，或是用更时髦一些的口头禅讲，也可以当做发表一种太平洋会的规律。

鄙人哲学规律的第一条就是：我们在大会里边，不应该仅仅乎把我们自己看做代表某一个国家的团体，我们的主要点要把自己看做一种机关的代表，它的目的是在"用着一种增进相互关系的观点，去研究太平洋民族的情形"。这一条是很需要的，因为能这样，我们才可以超出国族的成见，按照和我们一同生活和贸易的其他民族的看法，去探求理解我们的国家问题的方法。鄙人记得两年前在上海开会的末一次，日本新渡户博士曾经请求主席，让他发表对各代表的告别词。他当时讲道："我们在大会当中，是用各国代表的资格讲话。但是在散会以后，是用大会会员的资格讲话。"他这简短的语句，使得鄙人在这两年当中，时常的想着，鄙人对于这位老友怀着敬意的要直说一句，就是鄙人愿意比他再进一步；鄙人以为一位会员在会议里面，倘使不能用会员的资格去思考和动作，那末他在会外的时候，也决不能那样的思考和动作，在这种的会议当中，国家观点的价值，只有在关于材料的方面，对全体的贡献。倘使我们不能认真的尝试着理解全体的意义，那是决不能充分理解独特的观点的。

第二条的规律就是，我们出席会议的时候，应该有一些科学的思想。我们希望米里甘博士Dr. Millikan、萧特维尔博士Dr. Shotwell、摩尔登博士Dr. Moulton能指教我们，什么叫做科学方法。鄙人以普通人的资格，敢提出一个建议，就是在讨论国家和国际问题的时候，科学的思想就是等于能负责任的思想。每人全应该想到他所主张的理论，或者所赞助的机关，将要发生些什么可能的影响，并且应该对于这些影响，担负道德上的和智识上的责任。愿意拿各种影响去试验每一种的小理论或是政策，换句话说就是用负责的，科学的态度去思想。我们所应付的问题，就是国家和人民的问题。这种工作是危险的，这种责任是重大的。一种关于金融的不好理论，可以毁坏几百万人家，一种无意的关于政府的理论，可以被政府拿了去做一种有祸害的政策的理由。我们现在所做的一种工作，就像中国古代圣贤警告我们的一样，一言可以兴邦，一言可以丧邦。所以我们在思想或者发言的时候，怎样敢不存着一种恭谨律己的态度吗？

鄙人对于其他的"空白规律"，很可以一桩桩地照样讲下去，例如其中至少应该包括一条，就是我们应该要有一些些幽默的意识，可以让我们对于一种坏的开玩笑，可以谈笑的对付过去，或者对于一些些耍脾气的事，付之微哂，以便于使得太平洋会的主席的工作，可以轻松一些，但是鄙人在这十三分钟的时限当中，只好把其余的九十七条一概抹煞，抢先把最末一条讲讲，那就是我们对于工作，应该具有信仰。

当我们四顾，看见世界仍然是受荒谬的行为和武力所统治，国际仍然是被憎恨和猜忌所分离，各国重新卷入了军备竞争的漩涡，几十年来构成的太平洋和平机构，现在全被摧毁得无影无踪——我们就不能不感觉，像我有时所体验到的，就是我们一切的科学研究和经济讨论，在遭遇着这一种强硬的残酷的实际的时候，是如何的脆弱和空虚。但是各国有思想的人士，在失望之下，如果便放弃了奋斗，那也是不对的。我们的失败，也许是因为我们没有能诚恳的尽职。这也许是愚昧和思想肤浅给我们的报应,我们或许还可以用真理和有规律的思想去补救。在我们开委员会的旅馆里的某一间室中,有这样一句格言:"真理是有力的。"(Fortis est veritas)我以为一个人的信仰,是格外的有力哪。这次从坎拿大太平洋公司的铁道和轮舶往来,并且现在正对着无线电播音机演讲(这是人类最近的伟大发明),叫鄙人不能不抱着一种宗教式的信仰,以为人们既然能在落机山开凿隧道,能横渡重洋,并且能征服天空,那末将来他也能够用勇敢的思想,明智的政治家手腕,使得世界可以为人类而安全。

(本文为1933年8月胡适在第五届太平洋学会宴席上的演讲词,译稿原载1933年9月25、26日天津《大公报》)

太平洋学会

主席，诸位：

余此次出国非常匆忙，在加拿大与美国仅居三月，此三个月中之惟一目的，乃为参加太平洋学会第五次会议。今天贵校请余演讲"太平洋学会"，不过报告些简单事实，并无多大意思，但诸位来听讲者竟如此踊跃，令余非常诧异，兹特敬谢诸君盛意。

关于太平洋学会重要情况之报告，已详载于最近一期之《太平洋汇报》，无须在此再讲，余亦不欲再讲，今日所讲者乃余个人简单之感想。然在讲感想之前，又不能不将太平洋学会之组织及论题之大概，约略言之。太平洋学会为太平洋国际关系学会，至今已有九年之历史，规定每二年举行常会一次。此会议乃系第五次常会，第一第二两次常会，皆在檀香山举行，第三次在日本，第四次在上海，本年第五次常会，在加拿大举行，有十一国参加，为中、日、英、美、加拿大、苏俄、荷兰、菲律滨、澳、纽锡兰、与法（法国今年新加入），此次常会共到十国，苏俄未到，其未到之原因，据推测有二：（一）或谓苏俄因加拿大法律，凡共产党员在其国境以内者，可随时逮捕，驱逐出境，虽经加拿大再三声明，此条法律不适用于俄国代表，但苏俄仍不肯派代表参加。（二）据另一方面之推测，谓苏俄为节省经费起见，所以未派代表出席，此二说孰是孰非，姑不置论。总之，苏俄未能赴席，确为此次会议中之惟一缺点。会议之最重要组织，厥为圆桌会议，所谓圆桌会议，乃分为若干小团体，分别开会，可自由发言。其所以采取办法者，乃因各国代表共到一百余人，而每国代表团更携有专家秘书，故总共出席者不下二百余人，若全体一齐开会，事实上势必发生困难，所以每天分为四组开会，此即圆桌会议之谓。圆桌会议在每天上午讨论专题，下午则游览名胜，或请专家讲演。此次会议所讨论之专题最重要者有二：一为太平洋国际间经济冲突之问题，一为太平洋教育问题。乍观此二议题，意义似嫌太泛，好像故意规避政治问题，如中日事件之类，但此亦为事实所趋，不得不如此也。

开会后讨论经济冲突问题，谓经济冲突有五：（一）商场竞争，（二）原料竞争，（三）粮食问题，（四）人口出路问题，

(五)投资市场问题。而每种问题,又必皆有政治影响,如讨论原料竞争问题,即主要之矿产原料亦有八十余种,各国出产不均,势必发生争执。如亚洲(尤其是东亚)除产锑与钨外,他种矿产原料,直可谓丝毫无有。同时日本又为工业国家,事实上必须侵夺别个国家之煤,铁,煤油,以及其他工业原料,设欲避免此类原料竞争之冲突,势非使日本放弃工业主义不可。日本既不能放弃工业之野心,则原料竞争之冲突,决难避免,举一反三推而想之,世界各国孰不如此?复次,关于人口出路问题,日本谓其国家人口增加过剧,耕地不敷所用,势非至国外发展不可。然而中国土地亦多高原,雨量缺少,无法耕种,人口出路之困难,何独不然?再如商场竞争,日本纺织物之输入印度者,最近已与英国相等,英金镑虽尽量跌落,然亦难抗日本之纺织业。其他丝业等,日法之竞争亦颇激烈。是故总而观之,世界之经济竞争,无法避免,而国际间之经济冲突,亦恐将永无宁日矣。因此大会讨论之议题,只有记录,而无决议案,如限制纺织业等皆无结论,致使英国中途退席,而其惟一之办法,仍不过仅仅商讨一各国销售之比例数而已。至于比例数目之分配,尚非由强国操纵而弱国听命乎?是故仍涉有政治关系。设若各国际间相同之商业,能共议办法,规定物价不加不减,此虽可避免卖者之竞争,而消费者无法限制,劳工无法分配,是仍不能求得一满意之国际办法也。

关于教育问题，更难作具体之讨论，是故求一具体之议决案，终不可得，故曰，此次会无甚结果也。虽然，余却认为我国参加此次会议，对于当地对吾人之认识，确多供献。六年前加拿大曾有一移民法颁布，事实上即拒绝中国人入口。自此法施行迄今之六年中，我国除有四人因检查弄错而侥幸入口外，再无一人得以入境，是可见绝对不许中国人入口也。两年前，加拿大曾有一商业调查团到我国上海服务，当时第四届之太平洋学会，我国曾请其回国代为说项，改善移民法。该团回国后，颇能代我国宣传，对中国事件，帮助尤多。但因当时加拿大与美国同患经济之恐慌，欧洲移民尚受限制，我国希望取消移民法之奢望，焉能实现？此次在加拿大于大会之外，又以私人关系，提商此事，加拿大对此问题，极表同情，但因实际上经济之困难，取消移民条例（移民法）尚难办到。后经努力奔走之结果，得到一"一部分不根本推翻移民法"之折衷办法。加拿大之移民法只许外国之官吏，商人，及入大学之学生三种人入口，其中所谓商人，乃由加拿大政府行政法律规定，必有九千元资本，限定经营某种营业，运输某种货物，其法至苛。而所谓入大学之学生，更须有当地大学之许可证，方准入口。最近商议之帮助方法，即能由当地之大学发给入口者许可证，同时并请求加拿大政府，将商人入口之规定改变，以期得到移民之方便，是即不推翻移民法，而我国人民之入口得以减去绝对之限制也。此外并积极要求加拿大政府，修正移民法。中国人民每年入口数目，至少须与日本人民入口数目相等，此点能否成功，尚难预料。总之，我国代表此行，对于中国与加拿大之邦交，裨益颇多，而我国获利亦弗浅鲜也。此次会议，余最以为不然者，即在大会席上皆似唱戏说官话。依余之见，此次赴会者，率皆跋山涉水而来，即使大会席上不能公开商谈，亦应私人谈商，寻出解决之方案。虽曰不能实用，然亦可作参考，较诸无结果而散为善多矣。最奇者，日代表竟谓其不能自由说话，此虽区区小事，然亦可见对方之论调及其态度也。此外关于人与人之关系，更得到不少之良好收获，代表间言谈投机，更使国际中添得永久不朽之无形善感。

（本文为1933年11月9日胡适在清华大学的演讲，长城记录，原载1933年11月10日、11日北平《晨报》）

海外杂感

余自海外归国,甫及一月,在此一月中,无暇在各处演说。余去美及归国时间,共为四月。在美国加拿大逗留计三月零三天,无时间去用耳听,用眼看,仅用嘴吃,嘴喝,嘴说。故无甚闻见可说。此次蒋(梦麟)太太,王(子文)太太找我说话,余因妇女会成绩卓著,彰彰在人耳目,故该会有所嘱咐,不敢不遵。余以无话可说,只允谈谈"海外杂感"。

余去美先至支加哥,至各大学演讲,又至万国博览会内游览,后至美国东部。此外时间,尽在旅行中。在支加哥,余曾参观万国博览会。该会乃代表百年来之世界科学文化大进步之伟大计划。自1921〔年〕[1]11月普遍于全世界之经济恐慌,不至长久,该会遂仍继续进行。但在博览会中,

---

[1] 记者按:疑系1929年之误。

仍十足表现世界经济恐慌时期之一切不景气。虽然，博览会却仍可代表世界百年间之进步。会中计分：(一)科学馆内，分生物，物理，电学等部。(二)交通馆内，陈列各种汽车及一千八百余年火车发明，以迄今日之高速度火车时代之各时期火车模型，且有火车发明初期，与马车竞赛速度而落后之模型拟物。(三)电汽馆，有美国各大学著名电气公司之两种惊人的试验，(甲)看声音，(乙)听颜色，古书所云"目听耳视"，现竟于科学中证之。然会中亦处处可见经济恐慌痕迹。如参观人购大会纪念品，(上刻大会标记)手杖，烟盒，小刀等物，皆系日本制造，竟无美国工厂出品，此美国经济恐慌深刻化之又一证明。会场中有中国馆，因政府经济拮据，决定不参加，后由商人出洋十三万元布置，惟地方窄小，且不雅观，幸有瑞典某富翁捐助款项，在中国馆附近建一可以代表我国建筑之喇嘛庙。惟中国馆中所陈列者皆系手工业时期之物，甚可憾也。

今请再述加拿大之情形。加拿大地方甚大，人口一千万只合中国四十分之一，可谓地广人稀，人口几全部为苏格兰人，酷类中国之"老西儿"，南方之徽州人。加拿大东部原属法国，故法人后裔，占三分之一。但此两部种族，不同之人民，相处甚安，布告文用英文法文两种。该地人曾邀余在无线电台演说，余操英语演说，加人甚表不满，后余费去四小时之时间，练习法语，作两分钟简短法语演说，大受彼辈欢迎，余之法语演说，彼辈竟能听懂，余亦乐甚。加拿大名义上为英属地，但实际上加拿大为半独立国，亦为国际联盟之会员国。加拿大无强大海陆空军，以"和平立国"为基础国策。加拿大人之国家观念亦如斯。苏格兰子孙"外国老西"之魄力，足为吾人佩服之处甚多。如加拿大造成世界交通系统，加拿大太平洋邮船公司，与加拿大国家轮船公司船只来往世界各地，几尽垄断世界航路。余又见加境铁路，有高至一万尺山洞，工程浩大，加拿大东部皆山，其余均为大平原。出产品，大宗为农产物，产麦过剩，小麦一"布西尔"合洋三毛九分，谷贱伤农，农人惟有赔本卖出，此亦世界经济恐慌时之一般现象。

说到太平洋国交讨论会，参加国共十国，计美，加拿大，日本，中国，荷兰，澳洲，纽西兰，及苏俄等十国。参加各国代表，均在七八十岁以上。会中只中国与加拿大之代表，尽系三四十岁左右青年。中国代表年岁二十至四十左右。加拿大亦与中国同。此使两国代表，感情甚为融洽，及在知识上，能以互相交换之一种原因。又余参观加拿大各大学，历史亦均只几十年，大学教授，多为青年学者，此与吾国情形相同，又加拿大全境，计共九省，合组属地联邦政府，每省有省议会，有自主权。加拿大之政党有三：一，保守党，二，自由党，及新组成之农民合作党。党中领袖均为大学教授，及教授夫人。本届太平洋会议在落矶山温泉大旅社中举行，大会共十三天。吾人应注意现世界已到达"不得了时代"即如马克斯主义者所谓资本主义没落期之最后阶段。此点撇去不说，但世界经济确已深刻化，惟余坚信前途仍有希望。余出席太平洋会议，已宣誓绝不谈中日问题，盖事实最雄辩也。

余对国内政治变化，不欲置喙，唯现今世界，只有国与国竞争，国内战争，甚为可耻，希望无分南北男女，团结一致，以建立一近代式新国家。

（本文为1933年11月30日胡适在北平妇女会的演讲，原载1933年12月1日北平《晨报》）

太平洋国际之认识与感想

诸位同学们：

　　本人此次赴美，负有两任务，一为代表北京大学，南开大学，和中央研究院，参加美国哈佛大学成立三百周年纪念。一为代表中国出席第六届太平洋国际学会。刚才有同学提议到要扩大庆祝北大的三十八周年纪念。请诸位想想，才三十八周年这是值得庆祝的年岁吗。

　　哈佛大学今年是三百周年纪念，这该使我们多么可惊，但是此次该校纪念会上其次序为三十一号，在这个号数之前，仍有三十个三百年以上的学校呢。这真是使我们相信不过的事，譬如说第一号是埃及大学，他成立到今已有九百多年的历史了，其他也都有八百年六百年，五百年不等的学校。那么我们中国呢，先说本人代表的历史最老的北京大学吧，它在该会的排列单上是四百一十九号，南开大学是四百五十四号，中央研究院是四百九十九号，乃为次序单全部号次的倒数第六名，当时本人非常惭愧。为什么在有五千年文化的古国大学历史却会这样短？假如由北大往前类推，国子监学院太学生等，一直保持到现在，其历史何止数百年。不过中国的教育总是随着政治制度而变迁的，结果弄得连四十年历史的大学都找不到。不过以后我又看到比我们号数还次的五个当中，竟有最出风头的普林斯顿大学附设的高等研究所，和加省大学之理工研究院，是世界数学和理学的研究中心。所以我感到我们的历史虽短，然而还有努力的余地。其次再说第六届太平洋会议，到会代表共十一国，今年开会时使我最大的一个感觉便是在过去几次会议中，对中国问题并不注意，但今年却不同了。可以说大部代表的眼光都是注视在中日问题上，即向抱平和态度，做事圆滑的英国，态度也表现得非常积极。不过对于这种现象我们并不要相信人家会援助我们，假如自己不能够自强自立，始终是翻不过身的。所以我们的结论有两点：（一）是中日问题并非单独的东亚问题，乃为一世界问题。（二）中国过去无有力的领导，而处处吃亏，所以世界各国为了使中国门户开放机会均等，不受到某种影响起见才有九国公约的成立，先使中国有自力图强的机会。但在过去几年中，中国无有力的领导，未能利用机会以自强，而受到种种威胁。近两年来民气渐强领导也上了轨道；这也是此次会议对中国态度转变的一大原因。还有一点应说的，便是苏联代表此次在会议席上对其本国军备数目的报告，非常惹人注意。因为其他国家对自己军备都保守秘密，怕人知道，而苏联却这样坦白。猜其用意，乃德日之接近，使苏联有顾东失西之虑，故以诡言威胁欺骗其敌人，使其不敢轻易进攻也。还有许多事情要向诸位报告，但因时间过久，肚子一定很饿了，只好以后找机会慢慢的讲吧。

（本文为1936年12月11日胡适在北大学生会全体大会上的演讲，原载1936年12月12日北平《晨报》）

海外归来之感想

昨日到沪因时间匆促未及准备，决就此次自出国所得感想，略作简单报告，本人所得感想可有两点：（一）出席第六届太平洋国际学会，（二）本人代表北京大学，南开大学，与中央研究院参与哈佛大学成立三百周年纪念大会。今先从纪念一点讲起，我感觉得哈佛在美国成立三百年，并不为奇，因欧美大学历史有近千年的，不过哈佛所值得庆祝的，乃因美国于1776年革命，而哈佛成立于1636年，比较革命还早一百四十年。在纪念会中，到全世界学者百三十余人，其中有曾受该大学学位者七十五人，本次给予学位者六十二人。讲演分文学、科学二组，在两个会场举行，演讲时每一人提论文一篇，每日讲演在这七十五位学者中，个个都是前辈，由大会发给每人小册子一本，上载每代表所代表学术机关的名次。我看到这名次排列就发生了最大感触，第一名埃及大学，它成立到今，已有九百多年的历史；第二意大利大学，也有九百多年；第三法国巴黎大学也有九百年；第四英国牛津，第六英国剑桥，至于本人代表的北京大学则排在四百一十九号，南开四五四号，中央研究院于民国十七年成立，不过八年的历史，所以次序数字为四九九。说也惭愧，我们中国已具五千多年历史文化最早的古国，反屈居于最末的次序，这固然由于政治经济不安定。然而一个学术机关的不能机关化，不能组织化，也是极大的原因。如中国汉学在东汉二千余年前，就有祭酒国子监，曾经过一次大学学生三万人的学潮，及至宋代又有书院的设置，如洛阳书院，白鹿洞书院等等，卒以学校随着政治为转移，以致不能继续，其结果国内竟没有成立五十年的大学。反观欧洲大学，人才辈出，不论现代，就说被人看不起的中世纪大学，所造出来的人才亦多。即如欧洲文明中心之文艺复兴，宗教革命，新科学等等，其领袖人物如 Baccaccio, Petrarch, Luther, Calilio, Newton 诸人，或为大学学生，或为大学教授，所以欧洲的文明，绝不是偶然的事，而文明的造成，实以大学为主。尽管人们骂中世纪的大学全受着宗教的支配，它们对于欧洲的贡献，确是不少。中国五千余年古国，今名次竟排至四九九号，这都是老祖宗没有遗产流传。但诸位也不必悲观，因中国名次以下，还有六位小弟弟，五位中最出风头的是普林斯顿大学附设的高等研究所，虽则次序落后，然而它能吸收高等人才，如相对论发明者爱因斯坦氏，即在该所罗致之列。于是普林斯顿渐成为全世界数学研究的中心。麻省大学之理工研究院，则由理化学家密立根与安德逊等任教，它们成立年纪虽小，学术人才之多，几居首位。所以我们中国固然老大，然如能急起直追，不悲观，不自倔，将来也许有好的现象。其次说到此次出席太平洋国际学会感想：该会在约桑密地举行。那个地方是平地耸出来的山峰，上入霄汉，山石壁立，风景美丽，最使人感触的，乃是在约桑密地附近地名，都是西班牙名字，如San Francisco San Jose等，西班牙古帝国从前是个不得了的国家，疆域沿南美洲，中美洲，以及北美洲，大西洋，太平洋，印度洋，都有它的殖民地，但往昔威武，而今安在。目前他们内战正打得猛烈，将来如何，尚在不可料之中，所以凡一国家，苟专恃武力，必有失败之日。从太平洋之美国北面加拉斯加，以迄南端菲列滨，其间莫不在扩充军备。尤以澳洲及新锡兰两地，以前真乃世外桃源，至今也莫不大造飞机，提炼汽油，其余新加坡，荷属东印度，更在设防购机，不遗余力。他们都准备什么，其目的为何，当然是明白的，我在7月离沪，于17日到达神户，正由神户上岸至东京途中，见东京《日日新闻》

刊载我国西南问题（当时西南局势正紧张）一篇通讯，说中国统一，已有十之八九有完成希望。以后余在美国，美联社社长霍华德曾来华视察，于11月9日发表文字于全美二十八家报馆，说从前外人对中国认为不能统一，现在竟统一了，错误的观念，应当纠正。日本自1914年（民三）至1931年十七年中，前七年称霸太平洋，因为各国因欧战不能东顾，后十年虽然有九国公约，非战公约，巴黎和约，以及海军军缩会议之限制，但日本仍乘势利用霸权，直至"九一八"后，更见伸张，中国因被侵略，同时各国因日货倾销，也起了恐慌，所以我在三年出席太平洋学会，谈到日人横行，竟无一人肯表同情。迄至此次前往出席，形势大变，这就是一味侵略的结果。从前他人受日人宣传蒙蔽，今则日人侵略俱有事实证明，辩也无益，况且日货倾销，英法美均感威胁，且都觉得日本销货情形，与1914年欧战前德国无异，所以不得不在限制日货倾销之外，再加强军备。"九一八"以后，苏联势力伸及太平洋，美国沿太平洋增防，与夫中国统一，全因日人专恃霸道而引出，所以我说日本的霸道，自"九一八"以后，即失去其全盛时期，以后打起仗来，别人不会援助我们，不过行霸道者自己会将敌人请来。譬如欧战开始，比利时美国由英法请求加入而不肯，后来还是德国鱼雷艇横行直撞，将好多大船撞沉了，它们才肯出头。所以远东一旦有事，我们的敌人自己也会将它的敌人请来的。

（本文为1936年12月2日胡适在上海八仙桥青年会的演讲，原载1937年1月1日《正风杂志》半月刊第3卷第10期）

迎头赶上世界先进国家

今天这个集会，是抗战胜利后的第一次，有许多朋友都是九年以前见过面的。今天大家聚在一起，觉得缺少一个人，有许多朋友心里都有这样的一个感觉，缺少什么人呢？就是中央研究院的领袖蔡孑民先生，蔡先生是中央研究院的创办人，他创办研究院的目的，在发展基本科学。诸位晓得中央研究院成立以来，的确为国家建立了发展科学的基础；在中央研究院成立近二十年的今天，我们看不见蔡先生，心里当然都很感伤。

此外还少了一个老朋友，就是丁文江先生，丁先生担任中央研究院的总干事，出了很大的力，他在抗战发动以前，也是为了抗战的准备工作——调查煤矿，牺牲了。

我们今天在痛念老朋友的时候，听到于院长说，中央不仅要还政于民，同时要把科学研究还给科学家。又听到议长报告说，政府对于科学研究经费，决定在全国总预算占一个百分比，议长确没有报告占百分比的多少，但总占了百分比的一个数字□□□是我们最欢迎的。又，白先生报告：国防部对于发展国防科学的经费，占海陆空军总预算百分之二；经费是发展科学的一个先决条件，具备了这一个条件，科学发展应该更有希望，是不成问题的。所以我们大家都感到非常的兴奋。

党政军三方面对于中国科学的将来，都希望迎头赶上世界先进国家。我们对于这个期望，感到惭愧与惶恐。因为在抗战八年之中，中国科学家对于国家的贡献，不能算是很多。其最大的原因，就是经费的匮乏与生活的困难。我在抗战八年的时间，都在外国，可以说没有受到战争的艰难困苦。但在与朋友通讯中，知道八年之中，许多学术工作者求生存都很不容易。他们跑出实验室，而回家还得挑水，劈柴，替太太抱小孩，帮太太洗马桶，甚至于有为了几斗米而牺牲生命，或因营养不够而生病，至今尚躺在医院里治疗的。处在这样艰苦的情况之下，要科学研究有很大的成就，实在是很困难。不过从另一方面看，大家不畏艰苦，坚守着自己的岗位，并不是没有做官与发财的机会，而是不愿意违反自己的志愿，这种精神是可以告慰于我们的朋友的。

抗战现已获得了胜利，我个人展望前途，觉得异常的光明。我这些乐观的话，并不是随便说的，而是有事实证明迎头赶上世界的科学不是不可能的。

我们看看美国的学术在三十年前只可说是欧洲的附庸，那时候，一个学者在哈佛大学或耶尔大学得了博士，总想到欧洲去镀金，就是要到德国的柏林大学，法国的巴黎大学或英国的牛津、剑桥大学去做研究。在世界第一次大战以后，美国的学术提高了不少，到现在不仅赶上了欧洲，而且成为世界学术的领导者了。

我们平常一提到中国学术四个字，心里总很惭愧。我们在联合国组织里坐第四把椅子，而没有五十年历史的大学与研究机关。但我们看见美国学术在三十年中的突飞猛进，也应该不至于太悲观。只要有做研究工作的环境，我们在十年二十年里，也可以迎头赶上世界各先进国家。

这个试看与我同年出世的芝加哥大学，今年只有五十五岁，只因得洛克非罗基金的补助，今天已成为全世界最有名的学府。又如加利福尼亚工业研究院创办到今天不过二十年，培植成功了许多的科学人才，教授之中得诺贝尔奖金的已有了好几位。又如普林斯顿的高等研究所创办的历史更短，但入这个研究所须先得博士的学位，所以这是一个博士的博士院；这个研究所何以有这个成绩呢？就是有大量的经费，所以吸收了世界上许多有名的科学家，如从德国跑出来的爱因斯坦就在这个研究所里，这些都是新兴的科学研究机关，他们都能在短时期内跃居于世界领导的地位。从这些事实看来，科学工作的迎头赶上是很可能的。

再以我国来说，抗战以前十年之中，国内有共产党的扰乱，国外遭受日本帝国主义的侵略，然而我们科学都有长足的发展；即如今天在座的林可胜先生，他的著作，就被世界学术会议采取了四十大处，世界科学家对于林先生非常崇敬，希望他放弃政府的官吏，回到科学研究的岗位，专门从事研究的工作。又汪缉斋先生的心理学，竺可桢先生的气象学，翁文灏先生的地质学，还有安阳发掘的几位先生的考古学，都为世界学者所钦佩。

从这些事实说来，今后只要政府给我们生活安定，并予我们研究上所需要的财力，十年、二十年以后，虽不能说成为博士的博士院，至少我们中央研究院，可以成为世界有地位的研究院，而迎头赶上世界各先进国家。

（收入耿云志主编：《胡适遗稿及秘藏书信》第12册，1994年黄山书社出版。原题"胡评议员适之致词"，现所用题目为编者所加）

在中研院第一届院士
会议上的讲话

主席，诸位院士先生，诸位来宾，今天本来有几位院士代表翁先生，张先生讲过话，翁先生说评议会秘书未作事，他是谦虚，兄弟晓得他对院士工作，实在有很大贡献，兄弟最佩服，翁先生所说，的确使我同情，如翁先生说，我们当选作院士的人，是不是问心惭愧！今天当选的八十几位院士中，已到的有五十几位，9月23日，也可说是中国学术界值得纪念的日子，杨遇夫先生并且从湖南很远的全家到南京来，张菊生先生以八十二岁的高龄，多少年来没离开过上海，也有如余季豫先生等从北平冒险坐飞机赶来，朱院长主持的这一件事，可以说一大成功，兄弟也替他感觉到这是莫大荣誉。刚才看见中央研究院周先生卡片上面印的中央研究院院士衔头，足见大家已经觉得院士是一种荣誉。1945年，兄弟在旧金山，开一个会，代表政府出席，当时那个地方美国举行一个会议，有一位年纪很大的校长先生，名字叫亨利赫特，就是从前提倡和平类似组织的，也就是后来世界大战后发起国际联盟的前身，以至后来影响搭虎脱、威尔逊主张的，他见到我，他说我这次来，是化自己的钱，我愿意看梦想不到的事实现，兄弟在留学日记里曾经提到过。张先生所讲，半世纪落后，希望国家有地位。翁先生说世界学术，有胆子告诉我们，我们已经是世界上有了国家学术地位，正如美国亨利赫特，从美国的极南部跑到极西部愿意看自己梦想事件实现一样，这几句话，不过是与我们院长朱先生祝贺的意思。

同时翁先生说，我们是不是已经尽我们职务，对内学术取得联系，鼓励，对外合作，共进，至少是很想。

我们对内可尽我们鼓励的职务，可以鼓励后一辈。不是我们挂方牌子作院士、只坐享其成，或者下半世也靠自己成绩吃饭，而不继续工作，中央研究院不是学术界养老院，所以一方面要鼓励后一辈，我们可以够得上作模范，继续工作，才不致使院士制度失败。

第二，多收徒弟，今天我们院士中，年纪最轻的有两位算学家，也是四十岁的人了，我想我们过去这一点经验方法，已经成熟，可以鼓励后一代，再即希望以后二十年，二百年，本院这种精神，发扬光大起来，愿互相勉励。

（本文为1948年9月23日胡适在中研院第一届院士会上的演讲，收入耿云志主编：《胡适遗稿及秘藏书信》第12册）

眼前世界文化的趋向

今天我要讲的题目，发表出来的是"眼前文化的趋向"，后来我想了想恐怕要把题目修改几个字，这题目叫做"眼前世界文化的趋向"。"眼前世界文化的趋向"，有他的自然的趋向，也有他理想的方向，依着自然趋向，世界文化，在我们看起来，渐渐朝混合统一的方向，但是这统一混合自然的趋向当中，也可以看出共同理想的目标，现在我先谈谈自然的统一趋向：

自从轮船与火车出来之后，世界上的距离一天天缩短，地球一天天缩小，人类一天天接近，七十年前，有一部小说叫做"八十天环游全世界"，这还是一种理想。诸位还记得，今年六月里，十九位美国报界领袖，坐了一只新造飞机，6月17日从纽约起飞，绕了全球一周，6月30日飞回纽约，在路共计十三天，飞了两万一千四百二十四英里，而在飞行的时间不过一百点钟，等于四天零几点钟，更重要的，是传播消息，传播新闻，传播语言文字传统思想工具。电报的发明是第一步，海底电线的成功是第二步，电话的发明是第三步，无线电报与无线电话的成功是第四步。

有了无线电报无线电话高山也挡不住消息，大海也隔不断新闻，战争炮火也截不断消息的流通。我们从前看过《封神榜》小说，诸位总是记得"千里眼，顺风耳"的故事。现在北平可以和南京通电话，上海可以同纽约通电话。人同人可以隔着太平洋谈话谈天，可以和六大洲通电报，人类的交通已远超过小说里面的"千里眼，顺风耳"的神话世界了！人类进步到了这个地步，文化的接触，文化的交换，文化的打通混合，就更有机会了。就更有可能了。

所以我们说，一百四十年的轮船，一百二十年的火车，一百年的电报，五十年的汽车，四十年的飞机，三十年的无线电报，——这些重要的交通工具，在区区一百年之内，把地面更缩小了，把种种自然的阻隔物都打破了，使各地的货物可以流通，使东西南北的人可以往来交通，使各色各样的风俗习惯，信仰思想，都可以彼此接触，彼此了解，彼此交换。这一百多年，民族交通，文化交流的结果，已经渐渐的造成了一种混同的世界文化。

以我们中国来说，无论在都市，在乡村，都免不了这个世界文化的影响。电灯，电话，自来水，公路上的汽车，铁路上的火车，电报，无线电广播，电影，空中飞来飞去的飞机，这都是世界文化的一部分。不用说了，纸烟卷里的烟草，机器织的布，机器织的毛巾，记算时间的钟表，也都是世界文化的一部分。甚至于我们人人家里自己园地[的]大豆，老玉米，也都是世界文化的一部分，大豆是中国的土产，现在已成为世界上最有用的一种植物了。老玉米是美洲的土产，在四五百年当中，传遍了全世界，久已成为全世界公用品，很少人知道他是从北美来的。

反过来看，在世界别的角落里，在欧洲美洲的都市与乡村里，我们也可以随地看见许多中国的东西变成了世界文化的一部分，中国的磁器，中国的铜器，中国画，中国雕刻，中国刻丝，中国刺绣，是随地可以看见的，人人喝的茶叶是中国去的，橘子，菊花是中国去的，桐油是全世界工业必不可少的，中国春天最早开的迎春花，现在已成为了西方都市与乡村最常见的花了，西方女人最喜欢的白茶花，栀子花，都是中国去的，西方家园里，公园里，我们常看见的藤萝花，芍药花，丁香花，玉兰花，也都是中国去的。

文化的交流，文化的交通，都是自由挑选的，这里面有一个大原则，就是"以其所有，易其所无，交易而退，各得其所"。释成白话是"我要什么，我挑什么来，他要什么，他挑什么去。"老玉米现在传遍世界，难道是洋枪大炮逼我们种的么。桐油，茶叶，传遍了世界，也不是洋枪大炮来抢去的，小的小到一朵花一个豆，大的大到经济政治学术思想都逃不了这个文化自由选择，自由流通的大趋向，三四百年的世界交通，使各色各样的文化有个互相接近的机会，互相接近了，才可以互相认识，互相了解，才可以自由挑选，自由采用。

今日的世界文化就是这样自然的形成，这是我说的第一句话。

我要说的第二句话是"眼前的世界文化"，在刚才说过的自由挑选的自然趋向之下，还可以看出几个共同的大趋向，有几个共同的理想目标，这几个理想的目标是世界上许多圣人提倡的，鼓吹的，几个改造世界的大方向，经过了几百年的努力，几百年的宣传，现在差不多成了文明国家共同努力的目标了，到现在是有那些世界文化共同的理想目标呢，总括起来共有三个：

第一，用科学的成绩解除人类的痛苦，增进人生的幸福。

第二，用社会化的经济制度来提高人类的生活，提高人类生活的程度。

第三，用民主的政治制度来解放人类的思想，发展人类的才能，造成自由的独立的人格。

先说第一个理想用科学的成果来增进人生的幸福减除人生的痛苦。

这个世界文化的最重要成分是三四百年的科学成绩。有些悲观的人,看了两次世界大战,尤其是看了最近几年的第二次世界大战,他们常常说,科学是杀人的利器,是毁灭世界文化的大魔王,他们读〔投〕了两个原子弹毁灭了日本两个大城市,杀了几十万人,他们就想像将来的世界大战一定要把整个世界文明都毁灭完了,所以他们害怕科学,咒骂科学,这种议论是错误的,在一个大战争的时期,为了国家的生存,为了保存人类文明,为了缩短战争,科学不能不尽他的最大努力,发明有力量的武器,如第二次大战争里双方发明的种种可怕武器,但这种战时工作,不是科学的经常工作,更不是科学的本意,科学的正常使命是充分运用人的聪明才智来求真理,求自然界的定律,要使人类能够利用这种真理这种定律来管理自然界种种事物力量,譬如叫电气给我们赶车,叫电波给我们送信,这才是科学的本分,这才是利用科学的成果来增进人生的幸福。

这几百年来的科学成绩,却是朝着这个方向做去的,无数聪明才智的人,抱着求真理的大决心,终身埋头在科学实验室里,一点一滴的研究,一步一步的进步,几百年继续不断的努力,发明了无数新事实,新理论,新定律,造成了人类历史上空前的一个科学新世界，在这个新世界里，人类的病痛减少了，人类的传染病在文明国家里差不多没有了，平均寿命延长了几十年，科学的成果应用到工业技术上造出了种种替代人工的机器，使人们可以减轻工作的劳力，增加工作的效能，使人们可以享受无数机械的奴隶伏侍，总而言之：科学文明的结果使人类痛苦减除，寿命延长，增加生产，提高生活。

因为科学可以减除人类的痛苦，提高人生的幸福，所以现代世界文化的第一个理想目标是充分发展科学，充分利用科学，充分利用科学的成果来改善人们的生活，近世科学虽然是欧洲产生的，但在最近三十年中，科学的领导地位，已经渐渐地从欧洲转到美国了，科学是没有国界的，科学是世界公有的，只要有人努力，总可以有成绩，所以新起来的国家如日本，如苏联，如印度，如中国，有一分的努力就可以有一分的科学成绩，我希望我们在世界文化上有这种成分。其次谈到第二个理想标准，用社会的经济制度来提高生活程度。

我特别用"社会化的经济制度"一个名词，因为我要避掉"社会主义"一类的名词。"社会化的经济制度"就是要顾到社会大多数人民的利益的经济制度，最近几十年的世界历史有一个很明显的方向，就是无论在社会主义的国家，或在资本主义的国家，财产权已经不是私人的一种神圣不可侵犯的人权了，社会大多数人的利益是一切经济制度的基本条件，美国英国号称资本主义的国家，但他们都有级进的所得税和遗产税，前四年的英国所得税，每年收入在一万镑的人，要抽百分之八十，而每年收入在二百五十镑以下的人，只抽百分之三的所得税。同年美国所得税率，单身人（没有结婚的）每年收入一千元的，只抽一百零七元；每年收入一百万元的，要抽八十九万九千五百元等于百分之九十的所得税。这样的经济制度，一方面并不废除私有财产和自由企业，一方面节制资本，征收级进的所得税，供给全国的用度，用时还可以缩短贫富的距离。这样的经济制度可以称为"社会化的"。此外，如保障劳工组织，规定最低工资，限制工作时间，用国家收入来救济失业者，这都是"社会化"的立法。英国民族在各地建立的自治新国家，如澳洲，如纽西兰，近年来都是工党当国，都倾向于社会主义的经济立法。英国本身最近在工党执政之下，也是更明显的推行经济制的社会化。美国在罗斯福总统的十三年的"新法"政治之下，也推行了许多"社会化"的经济政策。至于北欧西欧的许多民主国家，如瑞典，丹麦，挪威，都是很早就在实行各种社会化的立法的国家。

这种很明显的经济制度的社会化，是世界文化的第二个共同的理想目标。我们中国本来有"不患贫而患不均"的传统思想,我们更应该朝这个方面多多的努力,才可以在经济世界文化上占一个地位。

最后,世界文化还有第三个共同的理想目标,就是民主的政治制度。

有些人听了我这句话,也许要笑我说错了,他们说最近三十年来,民主政治已不时髦了,时髦的政治制度是一个代表劳农阶级的少数党专政,铲除一切反对党,用强力来统治大多数的人民。个人的自由是资本主义的遗产,是用不着的。阶级应该有自由,个人应该牺牲自由,以谋阶级的自由。这一派的理论在眼前的世界里,代表一个很有力的大集团。而胡适之偏要说民主政治是文化的一个共同的理想目标,这不是大错了吗?

我不承认这种批评是对的。我是学历史的人,从历史上来看世界文化的趋向,那民主自由的趋向是三四百年来的一个最大目标。一个最明白的方向。最近三十年的反自由,反民主的集体专制的潮流,在我个人看来,不过是一个小小的波折,一个小小的逆流。我们可以不必因为中间起了这一个三十年的逆流,就抹煞那三百年的民主自由大潮流,大方向。

俄国的大革命,在经济方面要争取劳农大众的利益,那是我们同情的。可是阶级斗争的方法，造成了一种不容忍，反自由的政治制度，我认为那是历史上的一件大不幸的事。这种反自由，不民主的政治制度是不好的，所以必须依靠暴力强力来维持他，结果是三十年很残忍的压迫与消灭反对党，终于从一党的专制走上一个人的专制。三十年的苦斗，人民所得到的经济利益，还远不如民主国家从自由企业与社会立法得来的经济利益那末多。这是很可惋惜的。

我们纵观这三十年的世界历史，只看见那些模仿这种反自由，不容忍的专制制度一个一个的都被打倒了，都毁灭了。今日的世界，无论是在老文明的欧洲，或是在新起的亚洲，都还是朝着争民主，争自由的大方向走。印度的独立，中国的结束一党训政，都是明显的例子。

所以我毫不迟疑的说：世界文化的第三个理想目标是争取民主，争取更多更合理的民主。

有些人看见现在世界上有两个大集团的对立，"两个世界"的明朗化，就以为第三次世界大战祸不久即将来临了。将来胜败不知如何，我们不要押错了宝，将来后悔无及！

这是很可怜的败北主义！所谓"两个世界"的对垒，其实不过是那个反自由不容忍的专制集团，自己害怕自己气馁的表现。这个集团至今不敢和世界上别的国家自由交通，这就是害怕的铁证！这就是气馁。我们认清了世界文化的方向，尽可以不必担忧，尽可以放大胆子，放开脚步，努力建立我们自己的民主自由的政治制度。我们要解放我们自己，我们要自由，我们要造成自由独立的国民人格，只有民主的政治可以满足我们的要求。

(本文为1947年8月1日胡适在北平广播电台的讲话，原载1947年8月3日北平《华北日报》)

当前中国文化问题

当前中国文化问题,讲起来很难令人满意,实在是问题太大了,今天只就平时想到的几点,提出来谈谈。

一　文化与文明

"文化"两字蕴义甚广,"文化"、"文明"有时可解释为两个意思,也有时可看作一件事。解释为两个意思时,"文明"比较具体,看得见的东西如文物发明,属于物质的,"文化"比较抽象,看不见不易捉摸。

"文化"与"文明"虽可分为两件事,但有联系。某一民族为应付环境而创造发明的是文明,发明火便不再茹毛饮血晚上有灯点,没有火许多要应付的环境便无法应付。火的发明,也许是无意中的,一经发明不仅可以烧饭,可以点灯,还可以将金属由硬化为软,制造种种应用的东西。人类之异于一切动物,即是会靠一颗脑袋两只手制造东西,发明火可以制造更多的东西,这是"文明"。在某种文明中所过的生活形态生活方式,这是"文化",所以"文化"和"文明"有联系。

一般的解释,"文化"是包括了"文化"与"文明",范围较广,今天讲的属于后者,不采严格解释。

二 文化的世界性

从前交通阻塞时,某种民族的生活,都有民族性、国家性、地方性,各不相杂,交通发达以来,此种生活的民族性、国家性、地方性渐渐地削弱而世界性日渐加强,我们看到这礼堂里的电灯、椅子、磁砖一切东西和各位所穿衣服,很少还能找出保持着纯粹地方性的,这便是交通发达文化交流的结果。

文化的沟通不过是近几百年的事,最初靠轮船、火车、电报传递,近来靠飞机、无线电,利用无线电是第一次世界大战末期的事,战争初期尚未充分利用,现在若是没有无线电,一定有人说怎么可以打仗呢?诸君都看过《曾文正公日记》,他在江西建昌时,早上起身先要卜一个卦问问前方战事好不好，早上卜的是"中上"，中午卜的是"中中"，就很担心，实际上他离前线不过百余里，只因交通不便，没有飞机、无线电侦察通消息，只好卜卦问吉凶。曾文正公距今不过数十年，相差就是这么远。第一次世界大战时已有电报、电话，第二次世界〔大战〕就充分利用了无线电；现在上海纽约间随时可以通电话，整个世界的距离已经缩得很短了。到了最近更有进步，电视发明了，美国大选，人民坐在家里看，坐在家里听，赛球不必去球场看胜负，只须将电视一开就得了。记得小时候看《封神榜》、《西游记》，见到讲顺风耳千里眼十分奇怪，想不到这些理想现在都成事实，非但成事实而且方便与普遍远胜书中的理想，现代消息传布之迅速，往来交通之方便，决不是几百年几十年前想像得到，因此，现代人类由于交通发达吸收交流的文化也就难以估计了。这时候要在任何一个地方任何一件东西上分辨何者从美国来，何者从英国来，简直不可能。我到美国去见春天四处都是黄色的花，非常美丽，那是我国的迎春花；中国女子赏识的栀子花，美国女子也欢迎，但美国很少有人能说这是中国去的。即将开放的菊花，冬天结实的橘子，世界每一角落都见得到，这两种东西统〔都〕是中国去的，一经介绍，被人欢迎，就成为世界一部分，不再知道这是中国的产品了。又如丝绸、茶叶、桐油、大豆都是中国去的，丝绸已成为世界穿着不可少的东西，桐油是工业重要原料，大豆更是世界公认了不起的植物，这些早成了世界性的东西。再看我们自己，用的方面人人少不了钟和表，那是十六世纪发明用机器计时的东西，从前我们用滴水计时，钟表来到中国，不到几十年就遍满全国。现在到故宫博物院去，还可以见到各式各样的钟，有的一个人出来打钟，有的一只鸟出来叫几声，有的是一个人出来写"天下太平"四个字，这些千奇百怪的钟，都是刚发明时所造，也成了世界上稀有的东西，到今日不但有西洋来的钟表，也有上海、北平、广东自造的钟表，已经成为世界文化的一部分了。再说吃的，玉蜀黍大家都误为四川来的，殊不知它却是从美国来的，在极短时期中不仅传遍中国，且已传遍全球，成了重要食粮之一，它能迅速传遍全世界，即是因为可以生长在平原，也可以生长在高山，用不到多施肥料，便到处被欢迎。玉蜀黍因了普遍，就很少人知道从那里来的。穿的方面，机器织造的布匹呢绒来到中国不过一百多年，现在我们样样可以自造。又如装饰，小姐太太们的头发是国民革命军北伐以后剪去的，那时我从美国回来，见剪短的黑发小姐很美丽，二十年后的今天，不但已经剪短还要烫发，再也分不出怎样的头发是西洋的，怎样的还是中国的，再往下去恐怕烫发是从西洋来的也无人知道了。日用品风俗习惯装饰，都是文化，由于吸收外来文化的结果，打破了地方性，减少了民族性，减少了国家性。所以这个时代讲到文化就是世界文化，很难找出一件纯粹的本国文化。我曾想用毛笔写中国字该是中国文化了，可是除了民国以前留下来的墨还用中国胶制造以外，现在制墨用的胶都是外国工厂用剩下来的，常常听到人说现在的墨写字胶笔不如从前，原因就是在此。写出来的文章，更不知不觉地受了外国文化影响，无形中吸收了不少西洋文法，标点更全盘接受了西洋文化。我又想吃中国饭用筷子总是中国文化吧！前天到最标准的中国式饭店马祥兴去，他们先将筷子用开水烫烫消毒，也受了西洋文化影响了。交通这样发达，坐在家里开无线电就可以听到旧金山的新闻报告，也可以听到王外长在巴黎说话的情形了。生活方式要不受外国文化影响，要分析那些还是纯粹本国文化，那些是受世界文化影响几乎不可能，我记得小时候上海报上登载一篇法国小说，讲八十天环游地球，大家都说这件事了不得，也怀疑是不是事实，岂知四十年后，一百小时便可以环游地球，以后也许还可以减少到八十小时、七十小时环游地球，一百小时不过四天，交通发达到这个阶段，谈到文化便只有世界性文化，如何还能有纯粹的地方性、民族性、国家性文化呢？

三　文化的接受与选择

　　文化的接受与选择,具有"自然"、"自由"的条件,某些东西一经介绍便被采用,某些东西虽经介绍仍不为接受,迎春花栀子花用不着推广人人欢迎,因为这种花你说好你的女朋友也说好,自然采用了。钟表来到中国,铜壶滴漏即被弃置,现在仅能在博物院中看到。从前男人穿双鞋不分左右足,我起初穿这种鞋子生鸡眼很痛苦,幸而后来一位无名英雄造福人群,仿照皮鞋制成左右是不同的鞋子,我们穿了无限舒服,立刻就风行全国。这虽是小事,其解放男子的足,决不下于解放女子缠足,并没有什么力量强制我们接受,只是大家觉得比我们好就自然采用。自由选择不同文化接触不同文化,接受或拒绝,也有其必然的道理,简单说,不外以其所有易其所无,人家有的我没有,我采用,人家有我也有,我的比人家好,人家就采用,所以有无优劣可说是自由选择自然选择的条件,但这仅限于物质的。

　　三百多年前西洋人到中国来传教,那时他们势力已经达到澳门一带,知道中国文化很高,便研究应从那一方面入手,后来认为到中国传教应选学问最好的人带来中国所没有的东西及比中国更好的学问,所以派了利玛窦(Matteo Ricci)带了三件东西,第一件是刚发明不久用机械计时的钟,并选制造最好最讲究的送给中国，这是代表物质，第二件是西方已经很进步的天文学，他们知道中国在讲改革历法，利玛窦天文学学得很好，也带到了中国，这是代表科学。第三件是宗教，才是他们最大的目的。

三件东西同时来到中国，可是吸收的程序不同，第一件钟毫无抵抗接受了，铜壶滴漏不如机械制造的钟，铜壶滴漏自然被打倒。第二件天文学经过一个时期才接受，那时候中国有两种天文学，一种是原有的，一种是回教的，两种天文学各不相让，中国素来遇到两方相争，便各给一个天文台，你们去算月蚀日蚀某月某日几时几分几秒开始，何时复圆，谁算得准确，就采用谁的历法，利玛窦也设了天文台，不但算北京月蚀日蚀时间，也算出南京、成都、广州许多地方的时间，北京下雨，别处不一定下雨，仍可以测验是否准确。比较结果教会天文台成绩最好，一分一秒也不差，显然中国历法不如他，经过十多年后大家都说西洋历法了不得，明崇祯十六年采用新历法，下一年明朝就止了，清代沿用下去，民国后才整个接受世界一致的历法。第三件宗教接受程度最少，我们原来有佛教、道教、孔教，天主教来到中国后要比较那一种最好，却没有比较算日蚀月蚀时间那般方便明显，也不免有主观感情成份，我见我爸爸妈妈相信的，外祖母外祖父相信的，我为什么不相信？所以家庭制度社会制度政治哲学社会哲学以及宗教等等的吸收,不如物质科学那般容易,抵抗力大得多了。第一种是机械不容易抵御,钟比铜壶滴漏好,电灯比桐油灯好,无线电我们没有,自然接受了——至于说最近政府要减少汽车,减少飞机班次,那是偶然的事,和拒绝接受不同。第二种科学有抵抗,但抵抗有限度,医学我们有,天文学我们也有,但新的医学来了,旧的阴阳五行就被打倒,到今天虽还有人说阴阳五行比西医好,这只是少数。第三种社会制度、政治制度、经济制度、宗教等文化的吸收不吸收,拒绝不拒绝就不若前两种可以比较,可以试验,可以有绝对的选择自由。当前中国文化问题就在这里。

四 当前文化的选择与认识

当前中国文化问题就是前面所说的社会制度、政治制度、经济制度、宗教等吸收或拒绝,在交通工具如此发达之时,我们不能也不可能拒绝某种文化,问题是这类文化的接受牵涉到感情牵涉到信仰牵涉到思想牵涉到宗教,具体说,当前有两个东西在斗争,这两个东西放在我们前面,既不是物质,就不能像商品那样这是德国货这是英国货美国货一般辨别谁好谁坏。现在放在面前的美国货俄国货是无法比较的东西，既不能以品质来较优劣，又不能以价格来比高下，放在面前的是两个世界或者说两个文化要我们去选择去决定往东往西往左往右。

数百年来自由选择自由拒绝世界文化的阶段已经过去了，目前是必须要我们在两个中间挑选一个，我们既无法列一公式来证明往左是生路往右是死路，或者往右是生路往左是死路，又无法说我们有我们自己的你们的两个都不要，所以问题就严重了，三十年前教科书里的东西用不着了。梁启超先生早年介绍我们"自由"，许多人谈"不自由毋宁死"，那时看来是天经地义的，现在是变了，打倒资本主义也要打倒自由主义，要服从，要牺牲个人自由，争取集体自由，从前对的话现在不对了。自由究竟要不要，是另一问题。如从历史上看，一切文化都是向前进，而自由正是前进的原动力，有学术思想自由言论自由出版自由才有不断的新科学新文化出来，照辨证法说，有甲就有非甲，甲与非甲斗争成为乙，有乙又有非乙，乙与非乙斗争成为丙，共产党他不同，有己没有非己，辨证法失了作用，谁是谁非大家弄不清。

我今天说这一段话，不是"卖膏药"，我没有膏药可卖。只是这个问题牵涉到情感牵涉到信仰牵涉到思想，除了思想有一点理智成份外，情感信仰就不同，受不了一点刺激。我今年五十八岁，一生相信自由主义，我是向来深信三百年来的历史完全是科学的改造,以人类的聪明睿智改造物质,减少人类痛苦,增加人类幸福,这种成就完全靠了有思想自由信仰自由出版自由,不怕天不怕地,倘使失了自由,那里还有现在的物质文明。

我走过许多国家,我没有见到一个国家牺牲经济自由可以得到政治自由,也没有见到一个国家牺牲政治自由可以得到经济自由,俄国人民生活程度三十年来提高了多少?人民生活痛苦减轻了多少,经济自由得到了没有?牺牲政治自由而得到经济自由的,历史上未有先例。

我比较守旧,9月11日还在北平天坛广播"自由主义",也许有人听了骂胡适之落伍,他们说这不是不自由不民主,而是新民主新自由,是没有自由的新民主,没有民主的新民主,没有自由的新自由,没有民主的新自由,各位看过平剧里的空城计长板坡,没有诸葛亮的空城计,没有赵子龙的长板坡还成什么戏?

是自由非自由的选择,也是容忍与不容忍的选择。前年在美国时去看一位老师,他年已八十,一生努力研究自由历史,见了我说:"我年纪愈大,我才感到容忍与自由一样重要,也许比自由更重要。"不久他就死了。讲自由要容忍理由很简单,从前的自由是皇帝允许我才有的,现在要多数人允许才能得到,主张左的容忍右的,主张右的容忍左的,相信上帝的要容忍不相信上帝的,不相信上帝的要容忍相信上帝的,不像从前我相信神你不相信神就打死你,现在是社会允许我讲无神论,讲无神论也要容忍讲有神论,因为社会一样允许他。各位都看到报上说美国华莱士组织第三党竞选总统,比较左倾,反对他的人,拿鸡蛋番茄掷他,掷他的人给警察抓了送到法庭去,法官说这是不对的,华莱士有言论自由,要判他在监里坐或者罚他抄写《纽约前锋论坛报》几十年来作标语的一句名言一千篇〔遍〕,那个人想想还是愿意抄一千篇〔遍〕,这一句话是:"你说的话我一个字也不相信,但我要拼命辩护你有权说这话。"这一句话多么伟大!假使这世界是自由与非自由之争的世界,我虽是老朽,我愿意接受有自由的世界,如果一个是容忍一个是不容忍的世界,我要选择容忍的世界。有人说恐怕不容忍的世界极权的世界声势大些,胡适之准备做俘虏吧!大家只看到世界上两个东西斗争这边失败,政府打仗这边也失败,那边声势很大,便以为这边注定失败了,我不赞成这种失败主义,三百年的历史是整个的反自由运动,目前的反动并不是大反动,只是小小的反动,看起来声势浩大,但他们自己就缺乏自信,不相信自己的人,用最专制的权力来压迫自己人,经过三十一年长时间还不许人家进去,不许自己人出来,不敢和世界文化交流,这正表示他的胆怯。所以是我说这只是一个小反动。

虽然两个东西我们无从证明那一个好，依我的看法，民主自由一定得到最后胜利。固然历史告诉我们民主自由运动常会遭到包围摧残。法国革命几经失败，民主摇篮中心英国的成功受英伦三峡保护，美国民主成功靠两大海洋保护，但每次民主自由斗争无不得到最后胜利，最近两次世界大战亦是如此。

此次从北平到上海，一位朋友对我说，这个输麻将还打什么，我说你是失败主义的说法，真正输麻将是十二年前的局面，那时我们和世界三海军国之一、陆军占世界第三位、工业占世界第三位的国家打仗，我们没有一点基础，飞机连教练机不过二百架，那才是必输的，可是我们要打，而且打胜了。人家最悲观的时候，我一点不悲观，我总是想，他们没有好装备，没有海军没有空军，我们只要稍稍好转，就可以风雨皆释了。这次斗争说是文化选择问题的斗争，决不能说输就算了，这不比选双樑鞋、选择剪头发、选择钟表、选择天文历法那般容易，必须得从感情信仰思想各方面去决定，我们的决定也即是国家民族的决定！

（本文为1948年9月27日胡适在上海公余学校的演讲，原有谈龙滨记录，载1948年10月《自由与进步》第1卷第10期。现据居正修记稿，收入耿云志主编：《胡适遗稿及秘藏书信》第12册）

中国文化里的自由传统

各位朋友,同乡朋友:

今天我看见这么多朋友来听我说话,觉得非常感动,无论什么人,见到这样多人的欢迎,都一定会非常感动的。我应该向诸位抱歉。我本来应该早一个月来,因为有点小病,到今天才能来,并且很抱歉这次不能去台南、台东看看五十年前我住过的地方,只有希望等下次来时再去。今天因为黄先生、游先生要我事先确定一个题目"中国文化里的自由传统"。这个题目也可改做"中国文化传统的自由主义"。"自由"这个意义,这个理想,"自由"这个名词,并不是外面来的,不是洋货,是中国古代就有的。

"自由"可说是一个倒转语法,可把它倒转回来为"由自",就是"由于自己",就是"由自己作主",不受外来压迫的意思。宋朝王安石有首白话诗:

风吹屋顶瓦,

正打破我头。

我终不恨瓦,

此瓦不自由。[1]

这可表示古代人对于自由的意义,就是"自己作主"的意思。

二千多年有记载的历史,与三千多年所记载的历史,对于自由这种权力,自由这种意义,也可说明中国人对于自由的崇拜,与这种意义的推动。世界的自由主义运动也是爱自由,争取自由,崇拜自由。世界的历史中,对这一运动的努力与贡献,有早有晚,有多有少,但对此运动都有所贡献。中国对于言论自由、宗教自由、批评政府的自由,在历史上都有记载。

中国从古代以来都有信仰、思想、宗教等自由,但是坐监牢而牺牲生命以争取这些自由的人,也不知有多多少少。在中国古代有一种很奇怪的制度,就是谏官制度,相当于现在的监察院。这种谏官制度,成立在中国政治思想、哲学思想之前。这种谏官为的是要监督政府,批评政府,都是冒了

---

[1] 编者注:王安石的原诗是:风吹瓦堕屋,正打破我头。瓦亦自破碎,岂但我血流。我终不嗔渠,此瓦不自由。……(见《王安石集·拟寒山拾得二十首》之四)

很大的危险，甚至坐监，牺牲生命。古时还有人借宗教来批评君主。在《孝经》中就有一章《谏诤章》，要人为"争臣"、"争子"。《孝经》本是教人以服从孝顺，但是君王父亲有错时，作臣子的不得不力争。古代这种谏官制度，可以说是自由主义的一种传统，就是批评政治的自由。此外，在中国古代还有一种史官，就是记载君王的行动，记载君王所行所为以留给千千万万年后的人知道。古代齐国有一个史官，为了记载事实写下"崔杼弒其君"，连父母均被君主所杀，但到了晋国，事实真像依然为史官写出，留传后世。所以古代的史官，正如现在的记者，批评政治，使为政者有所畏惧，这却充分表示言论的自由。

以上所说的一种谏官御史，与史官制度，都可以说明在中国政治思想与哲学思想尚未成立时，就非常尊重批评自由，与思想自由。

中国思想的先锋老子与孔子，也可以说是自由主义者。老子说："民不畏死，奈何以死惧之？"孔子说："三军可夺帅也，匹夫不可夺志也"。老子所代表的"无为政治"，有人说这就是无政府主义，反对政府干涉人民，让人民自然发展，这与孔子所代表的思想都是自由主义者。孔子所说的中庸之道，实在是一个中间偏左的态度，这可从孔子批评当时为政的人的态度而知道。孔子当时提出："有教无类"，可解释为"有了教育就没有阶级，没有界限"。这与后来的科举制度，都能说明"教育的平等"。这种意见，都可以说是一种自由主义者的思想。

孟子说："民为贵，君为轻"，在二三千年前，这种思想能被提出，实在是一个重要的自由主义者的传统。孟子说："富贵不能淫，贫贱不能移，威武不能屈"。这是孟子给读书人一种宝贵的自由主义的精神。

在春秋时代，因为国家多，"自由"的思想与精神比较发达。秦朝统一以后，思想一尊，因为自由受到限制，追求自由的人，处于这"无所逃于天地之间"的环境中，要想自由实在困难，而依然有人在万难中不断追求。在东汉时，王充著过一部《论衡》，共八十篇，主要的用意可以一句〔话〕说明"疾虚妄"。全书都以说老实话的态度，对当时儒教"灾异"迷信，予以严格的批评，对孔子与孟子都有所批评，可说是从帝国时代中开辟了自由批评的传统。再举一个例：在东汉到南北朝佛教极盛的时候，其中的一位君王梁武帝也迷信佛教。当时有个范缜，他著述几篇重要文章，其中一篇《神灭论》，就是驳斥当时盛行的灵魂不灭，认为"身体"与"灵魂"，有如"刀"之与"利"。假如刀不存在，则无所谓利不利。当时君王命七十位大学士反驳，君王自己也有反驳，他都不屈服，可说是一种思想自由的一个表现。再如唐朝的韩愈，他反抗当时疯狂的迷信。写了一篇《谏迎佛骨表》，痛骂当时举国为佛骨而疯狂的事，而被充军到东南边区。后又作《原道》，依然是反对佛教。在当时佛教如此极盛，他依然敢反对，这正是自由主义的精神。再以后如王阳明的批评朱熹，批评政治，而受到很多苦痛。清朝有"颜李学派"，反对当时皇帝提倡的"朱子学派"，都可以说明在一种极不自由的时代，而争取思想自由的例子。

在中国这二千多年的政治思想史、哲学思想史、宗教思想史中，都可以说明中国自由思想的传统。

今天已经到了一个危险的时代，已经到了"自由"与"不自由"的斗争，"容忍"与"不容忍"的斗争，今天我就中国三千多年的历史，我们老祖宗为了争政治自由、思想自由、宗教自由、批评自由的传统，介绍给各位，今后我们应该如何的为这自由传统而努力。现在竟还有人说风凉话，说"自由"是有产阶级的奢侈品，人民并不需要自由。假如有一天我们都失去了"自由"，到那时候每个人才真正会觉得自由不是奢侈品，而是必需品。

（本文为1949年3月27日胡适在台北中山堂演讲，黄谷辛记录，原载1949年3月28日台湾《新生报》）

就任中央研究院院长典礼致词

我很感谢李先生把今天就职典礼的仪式简单化,更感谢政府允许我不须经过正式的就职典礼,只作几分钟的讲话,代表了我正式接受中央研究院院长的职务。

中央研究院有三十年的历史,这三十年的历史,可以说是我的老朋友们的心血造成的。创办本院的第一任院长是我们的校长蔡孑民先生,辅导他的是杨杏佛先生。蔡先生逝世后,继任的是我的老朋友老同事朱骝先先生。在杨杏佛先生之后,担任本院总干事的有丁文江先生,萨本栋先生,周鸿经先生等。他们把一生最重要的时期,——把全部的精力贡献给中央研究院,甚至牺牲性命。朱先生更苦心维持了中央研究院十八年。我对中央研究院有亲切的关系,不仅我是中央研究院历史语言研究所的通讯研究员,也因为中央研究院是我许多朋友的心血结晶。

去年11月，朱先生以健康关系辞职，中央研究院评议会选了三个院长候选人，呈请总统核定。总统没有征询我的同意，便任命我为中央研究院院长，当时我患肺炎，发高烧到一百零三度半。11月3日（纽约时间），我病刚好了一星期，得到这个消息，即向政府恳辞，极力推荐李济之先生担任。李先生在中央研究院有多年的历史关系，比我年轻，年富力强，在学术上也有贡献。李先生一再谦让；政府也没有体恤我在病中，要我把病养好了回来。朱先生又写了紧急信给我，说院长没有人接替，院士会议不能再耽搁了，——这是选举四十六年的院士十五人，为国家最高学术机构增加生力军。这个会议的召开，必须有人主持。我乃请政府任命李先生做代理院长，替本院负责作重要的决定，让我可以安心养病，等病好了一定回来。政府采纳了我的建议，在去年12月任命李先生做代理院长。李先生在今年1月11日就职。就职之前，李先生电话问我："什么时候可以回来？"我说："病好了一定回来。"李先生又问："阳历4月是不是可以回来？"我说："可以回来。"因此，也就决定了召开院士会议的日期。院士会议的筹备工作，早就办好了的，为了院长的接替而耽误到今天。

我这次回来，我的两位医生是不答应的，我不听劝告而回来了。我就是没有政府的任命，因为许多老朋友把一生几十年最宝贵的光阴贡献给了中央研究院，甚至把性命也送在这里，我对中央研究院也不能完全推卸责任。今天我要借这个机会谢谢朱先生、李先生。以后希望在朱先生、李先生指导之下，在许多同人帮助之下，尽我的力量使中央研究院的工作有所成就。

我已经六十七岁了，照西洋的看法已过了六十六岁。学术界有个普遍的规矩，年满六十五岁的学者退休之后，可以做他自己喜欢做的事，把研究工作让生力军补上。我已过了退休年龄一年有半，应该退休，享我退休的权利，做我自己喜欢做的事：著书，写文章。但在这个时候，国家艰难，而时代已进入原子能科学时代，国家需要科学，国家需要学术基础，而我们应为国家努力建立学术科学研究的基础，何况我们对中央研究院三十年来都有密切的关系。希望各研究所所长，各位研究员同人同我一致向这个目标前进。

我的病还没有好，一两个月后还须出国疗治，还有我在国外八个年头的"烂摊子"，也要收拾收拾。那时还要请李先生替我负责几个月，等我病好，便把家眷接回来，把破书搬回来。在这一两个月中，我很希望和朱先生、李先生以及各所同人谈谈在新时代新需要的状况下，中央研究院有些什么可以帮国家的忙？在发展科学研究，建立学术基础方面，我们能替国家担任些什么？四年前的三月间，我曾来南港看过，——是坐手推的"台车"，撑着雨伞。那时中央研究院的地基才建好,路也没有,真是筚路蓝缕。四年后的今天,已是全部建设完成。大家可以安心的做研究工作,我觉得很高兴。这足以代表中央研究院进步的新气象,也代表了中国学术界的努力。

庆祝我六十五岁的论文集,我今天是第二次得到了这本书。我六十五岁生日时,在美国加利福尼亚大学教书,赵元任先生等赠送过我这样的一本书,不过那是象征性的,内容是空白。

谢谢各位同人。

(本文为1958年4月10日胡适在台北"中央"研究院的演讲,收入《胡适演讲集》中册,1970年胡适纪念馆编辑、出版)

基本科学研究与农业

我是农学的一个逃兵。四十八年前（1910），我进康乃尔（Cornell）大学的纽约（New York）州立农学院，民国元年（1912）二月，第二学年第二学期开始，我就改选康乃尔的文理学院了。

那个时候，正是遗传学（Genetics）刚刚开始的时期，门德尔（Mendel）的两大定律被科学界忽视了三十多年，到1900年才被德佛里（Devries）等人重新发现，重新证明，摩尔根（T.H.Morgan）已在哥伦比亚（Columbia）大学做实验动物学教授了，他的重要工作还刚刚开始。

所以我现在回头去看看，我可以说：在农业科学里面一种最基本的是遗传学还刚刚开始的时期，我就做了农学的逃兵了！我还没有走进农学的大门，就逃走了！所以我最没有资格在诸位农学界的领袖前辈之前来谈"基本科学与农业"

这样一个大题目。

这个题目是中华农学会的理事张宪秋先生给我出的,我请理事长汤惠荪(1900—1966)先生,理事马保之先生、张宪秋先生给我出几个题目,后来张先生送来了四个题目,其中有一个是"西方的科学研究与东方的农业",我接受了这个题目,把它缩小一点,就叫做:"基本科学研究与农业"。

我的意思不过是要在诸位前面重新提出中国农学界的几位老前辈早已屡次提出过的一个老问题,——就是唤起大家注意基本科学研究在农业上的重要。

我刚才说过,我最没有资格讲这个问题,所以我要引用农学界老前辈的话。

四十六年度贵会的联合大会有蒋梦麟先生的演说,他的最后一段话是:农业本是一种应用科学,利用科学研究所得来解决农业上的实际问题。台湾近年农业发展,得力于农业科学与技术者甚大。然而实用技术的应用有它一定的限度,而提高农业技术的水准,那就要在科学理论方面能有进一步的研究;因为本省农业不断的进步,近年从实际工作感觉,若干基本问题已非本省现有技术所能解决。所以希望诸位先生能够倡导基本科学——如物理、化学、生物、遗传、数学等——的研究。

如果科学的研究不能从基本上做起,我们的科学便永不会追上人家。

梦麟先生不是学农的,但他领导农复会的工作已有十年之久,他现在对诸位先生说:他"近年从实际工作感觉若干基本问题已非本省现有设备所能解决",所以(他)"希望诸位先生能够多多倡导基本科学的研究"。他指出的"若干基本问题"之中,有一个就是"人口与土地资源的协调"的问题。他举出的"基本科学"的例子是物理学、化学、生物学、遗传学、数学等。

我再引一位大家敬仰的农学界最渊博的前辈赵连芳先生。赵先生前几年(民国四十三年)著作了一部很好的书叫做《现代农业》。此书的第四章是专讲农业科学化的。在那一章里,他指出影响农业产生最大的现代科学有四种:(1)生物科学(特别是遗传学),(2)机械工程学,(3)有机化学,(4)生物化学(特别是植物荷尔蒙Hormone的研究)。

在他那三册五八一页的《现代农业》的最后一二页里,赵连芳先生说:

……但现在仍只〔有〕一个世界,人口既愈生愈多,则资源越用越减少。……

……"自由中国"的台湾农业亦复如此。……以有限之土地生产,赡养继续增加之人口,吾人必须利用最新与最优之农学原理与技术，始能使土地生产力继续发育，并不断的改良。……

诚然，农学者经过去百余年来之研究，对于日光、雨水、土壤、肥料、植物、动物、病虫、遗传、育种、食物、营养等知识已发现甚多。然对此等因素之相互的关系，未彻底明白者亦多。……现在对于别的事实，吾人已知道不少，惟综合的基本研究（Basic Research）仍待继续。盖研究愈达基本，则将来在实用上迟早更显光明。

近来主持研究者，每因急于功利而过分奖励应用的研究（Applied Research），实在说，所有的真正研究工作均应务本崇实。合格的研究人员，尤须有高度的自由以选择其工作，俾能继续不断地向农学的边疆推进。

赵连芳先生的最后一段话是要"重视合作研究的原则"。

……今日农业之广大问题，已非某一学系所能单独解决者，其研究人员已需要数学、物理、化学、生物学、热力学等基本科学之渊博的训练。今后农业问题所需要之科学知识将更无止境。遥望宇宙光、太阳能、及原子能，有一日可能帮助农业生产富于营养之粮食，乃对于土壤生产力之要素不致过分减低。……

蒋、赵两先生提出来的基本问题是相同的,就是"以有限的土地生产,养继续增加的人口"的严重问题。赵先生从他的渊博的农学知识上观察,蒋先生从他主持农复会十年的实际工作上观察,他们得到的结论也是相同的。

蒋先生说:"若干基本问题已非本省现行技术所能解决。"

赵先生说:"今日若干农业之广大问题已非某一学系所能单独解决者。"

所以蒋先生希望诸位先生"能够多倡导基本科学的研究"。

所以赵先生说,农学的一班"研究人员已需要数学、物理、化学、生物学、热力学等基本科学之渊博的训练"。

我最佩服赵连芳先生的一句话:"研究愈达基本,则将来在实用上迟早更显得光明。"我在1940年到加州理工研究院(California Institute of Technology),院长Dr. Robert Millikan招待我。他带我去参观摩尔根(Prof. T. H. Morgan)主持的世界知名的Kerckhoff生物科学实验室(Laboratories of Biological Sciences),那时Morgan在休假中,我没有见着他,但我参观了他工作的地方,也看见了他的"果蝇"(fruitflies 学术名Drosophila melanogaster)。

摩尔根,在哥伦比亚大学从1904到1928。他在加州理工研究院是从1928到他死(1945)。他的一生三十多年的工作,用那些细小平常的"果蝇"做实验的材料,做大规模的育种实验。他和他的许多大弟子证实了染色体是遗传的物质基础。发现了遗传基因（gene），突变的现象与规律，才把现代的细胞遗传学说建立在最稳固的基础之上。

摩尔根和他的一派的学人做的基本科学研究，在短短几十年之中，就影响到全世界的动物植物的育种事业，影响到全世界的农业。到今天苏俄所谓米邱林（Michurin）学说，所谓李森科（Lysenko）学说，他们攻击的最大对象还是摩尔根一派的学说，今年三月里共产党在北京大学发动大规模的清算，其中一个被清算的生物学者是李汝祺，他的罪名也就是他没有完全洗清摩尔根学说的余毒。

我在十八年前到摩尔根的生物实验室参观，所得到最深印象就是摩尔根一派学者的纯粹科学研究的无止境的绝大影响——那成千成万的"果蝇"实验是没有一毫实际用途的，然而那毫无一点实际用途的基本研究，居然影响到全世界的育种事业，改变了全世界的农业生产。

今天全世界（至少可以说整个自由世界）的育种事业都是根据在细胞遗传学的基石之上，而细胞遗传的两个来源是Mendel到Devries（门德尔到德佛里）的遗传定律，和十九世纪晚年才发达的细胞学。这两种基本研究到了五十年前，到了萨登（Sutton）和摩尔根的手里才合并起来，才发展开去，成为影响全世界的新遗传学。

这短短的几十年的遗传学的历史最可以证明赵连芳先生的话：

研究愈达基本，则将来在实用上迟早更显光明。

我在《中华农学报》新第十三期里（页一六）读了我的老同学钱天鹤先生做的《引种南非三一〇蔗种纪念碑文》，我也读了《台湾农业复兴史》的"糖业部份"里特别叙述这个真正了不得的新品种NCo：310的一节（页七六），我也读了台糖公司顾问李先闻（1902—1976）先生今年写给我的信里叙述这个南非三一〇甘蔗种的伟大成就。这个新品种的故事是今天在会的诸位先生都熟悉的，用不着我这个农学的逃兵，农业的门外汉来重复申说。

不过，我这个逃兵今天借这个甘蔗新品种的伟大故事，来说明我要说的"基本科学的研究"的问题。所以我不怕诸位农业专家前辈的讨厌，要把这个故事用一个门外汉的白话，简单的重说一遍，好在值得说的好故事是不嫌重说的。

话说民国三十六年（1947）九月十九日，台糖公司的虎尾糖厂的蔗作改良场收到了南非联邦那他尔甘蔗试验场赠送的NCo：310甘蔗种三十六芽。虎尾糖厂的蔗作改良场的夏雨人、宋载炎两位先生把这三十六芽试种在他们的第二蔗苗园里，经过了几年的试验，培植和品种比较，这个南非三一〇新品种的种种优点渐渐得到了育种专家的重视。

这个新品种有许多特别优异的品性：第一，他的分芽多，可以节省育苗的田地面积。第二，他的产蔗量与产糖率都很高，能得到农民的欢迎。第三，他可以连续宿根，既不须换种，又可以把生长的时期从十八个月缩短到十二个月（李先闻先生的信上说，把平常需要十八个月的生长时期的甘蔗，改为只需要十五个月）。第四，这个新品种有适应各种自然环境的能力，台湾的各种地区都可以种植。李先闻先生说：

> 这个品种可以在较次的土壤种植，因此，水稻与甘蔗这两个大农作物可以分区种植，水稻可以种植在有水的肥沃地区，甘蔗可以种在无水与瘠薄的地带，这样可以间接的促进水稻的增产。

那个时候（1952—1953）正是世界糖价低落，台湾糖业最危险的时期。因为这个南非三一〇甘蔗种有这许多优异的品性，台糖公司的顾问李先闻先生，就建议要大规模的推广这个新品种的种植面积。台糖公司的经理杨继曾先生是一个有远见的领袖，他大胆的接受了这个大胆的建议。民国四十一年（1952）南非三一〇甘蔗就推广到一千四百十二公顷的种植面积。四十二年就从二千多公顷推广到五万公顷，占全省种甘蔗的面积百分之四十三。

李先闻先生信上说："这是一个巨大的尝试，是古无前例的。"民国四十三年到四十四年（1954—1955）更推广到五万二千公顷，占百分之六十八，民国四十四年到四十五（1955—1956）——中华农学会立碑纪念是在四十四年十二月——又推广到七万二千公顷，占百分之八十二了。

根据台糖公司最近的统计，南非三一〇的种植面积已达到了八万六千公顷，占全省种甘蔗面积百分之九十二（91.54%）。

李先闻先生对我这个逃兵说："举个例来说，我们初到台湾，那时种了十二万公顷以上的甘蔗，才产生六十余万吨的糖，要十八个月还要好地。现在生产将近一百万吨的糖，只要九万多公顷的地，只要十五个月，还是坏地。"

这个大胆的"古无前例的尝试"的成绩，把台糖公司稳定下来了。因为国家的外汇收入百分之七十左右是卖糖换来的。所以国家的财政也得这个南非三一〇甘蔗种的大帮忙。拿去年来做个例，去年一年中台糖换来的外汇就有一亿一千万美金之多。

所以我们可以说，这个南非三一〇甘蔗种的故事是"科学救国"的一个最好的故事，是"科学报国"的一个最好的故事。

各位先生,"引种南非三一〇甘蔗种"好像只是一件"应用的研究"(An Applied Research),好像够不上"基本科学研究"。

从我这个农学逃兵的外行看上去,这个了不得的甘蔗新品种是的的确确的基本科学研究的结果;因为他是五十年来的遗传学的结果,因为他是七十年来细胞学和五十年来的新门德尔学说结合共同发展的结果。

这个南非三一〇蔗种是从印度输入的杂交品种,又经过南非那他尔的育种专家加以培育改良的,又经过"自由中国"的遗传学家、育种专家几年的试验培植的结果。我们虽然不知道这个品种在印度以前遗传世系,我们不能不承认,这是印度、南非联邦及自由中国三个国家的遗传学者,继续研究的总成绩。我们不能不承认,如果没有这五十年的遗传学这一门基本科学,如果李先闻、夏雨人、宋载炎以及台糖公司的其他育种专家没有受过这一门的基本科学的严格训练——如果他们没有在台糖公司的蔗作改良场里做了各种大规模的杂交育种,并自每年引进国外有名的甘蔗品种来试种——这个了不得的甘蔗品种是决不会偶然被发现的。

各位先生,南非三一〇甘蔗种不是偶然得来的,是道地基本科学研究的结果。但是现在台糖公司的领袖们已经开始忧虑将来的困难了。我们听他们说:

> 台湾自营农场的面积有限，地多硗薄……若年复一年，永为一种甘蔗，殊非善策。
>
> 甘蔗新种的生产力，普通只有十年寿命。"南非三一〇推广了五年，病虫害日重，最近虎尾区产量，已有显著的退减趋势"，若确属"品种本身退化，殊为危险。
>
> 台湾蔗区分布甚广，各地环境差异很大，欲求一种而无往不宜，似属希望过奢。今后台湾甘蔗选种，似应以地理小种（Ecological Variety）为准。（《台湾工业复兴史》，页一〇七）

我们读了这种近忧远虑的话，作何感想？我这个农学逃兵的感想是这样的：解铃还须系铃人。那建立了莫大功劳的南非三一〇甘蔗种是一门叫作遗传学的基本科学研究的结果，将来要寻这位大功臣的继承人，也还得请教基本科学研究。

对于那位为台湾立了大功劳，为国家换得了几亿美金的外汇的大功臣，也有了我的老同学钱天鹤的大手笔给他大书特书立了纪功碑了。不过给这一种了不得的新品种立纪功碑还是不够的。

要真正报答这一位大功臣，只是一条大路，就是提倡农业科学的基本科学。要希望给这位大功臣寻一个或许多个更好更了不得的继承人，也只有一条大路，也就是提倡并且赶紧建设农业科学的基本科学。

农业科学的基本科学是植物学、动物学、微生物学、遗传学、化学、生物化学、物理学、数学。

而在今天的自由中国，这几门基本科学，都没有做基本研究的研究所和实验室，——都缺乏做基本研究的学人，也都缺乏设立基本研究机构的钱。

我现在要引农业界、生物学界最了解基本科学研究的李先闻先生今年在美国写给我的一封长信里的几句话。李先闻是中央研究院的植物研究所的所长，我们听听他的话：

> 植物研究所因为我是一个人来到台湾，这十年来一直是帮忙台湾糖业公司。……植物所自从民国四十三年筹办开始，到现在只有从台大、台中农学院找到几个兼任的研究员，其余还有几个年青的大学毕业生，因为在台湾从事生物学的比较的少，从事生物学的研究的学人更少。因为没有人的原故，较远的与崇高的计划无法谈到。目前只能就在台湾的学人，给他们一点设备的补助，使他们一面教学，培植下一代，一面做点研究，提高他们教学的兴趣。……植物研究所到今天还没有自己的研究所与研究室。

各位农学界的领袖先生：我引李先闻先生的话，只是要大家知道自由中国到今天还没有一个植物研究所，没有一个动物学研究所，没有一个生物学的基本研究机构。台大农学院有三个研究所（土壤、农业化学、植物病理与昆虫学），只有很少的经费。中央研究院的化学研究所是和本省的烟酒公卖局合作的，去年又得到了中英文教会二十万元美金的补助，才开始积极筹备。二十万美金是不够设备一个做基本研究的化学研究所的。

植物学、动物学、化学……这都是农业科学的基本科学。现在这些基本科学还没有完全的研究所。这是很可以忧虑的。蒋梦麟先生、赵连芳先生都已指出：今日农业的一些基本问题都不是我们现有的技术所能解决的了。所以我们在今日已不能不强调基本科学的研究的迫切重要了。空谈是没有用的。我这个农学的逃兵今天站在这里说了许多空话，也不免是白日做梦。我既然开始白日做梦了，我想告诉大家我昨夜做的三个很甜很美的梦来做这篇演说的结束……

我的第一个甜梦是梦见蒋梦麟先生、沈宗瀚先生、钱天鹤先生三位主持的农复会毅然决然的把台大农学院的三个研究所包办了去，用农复会的大力量在五年之内把这三个研究所造成三个第一流的科学研究机构。

我的第二个甜梦，是梦见主持台糖公司的雷宝华先生，毅然决然的把李先闻先生多年梦想的植物研究所包办了去，用台糖的大力量在五年之内把这个植物研究所造成一个第一流的植物学基本研究机构。

我的第三个甜梦，是梦见台湾省主席周至柔先生毅然决然的请本省烟酒公卖局把中央研究院的化学研究所包办了去，用公卖局的力量和台湾省的大力量，在五年之内把这个化学研究所造成一个第一流的化学基本研究机构。

我相信这三个很甜美的梦都是不难实现的。无论如何，很甜很美的梦总是值得做的。

（本文为1958年12月7日胡适在中华农学会暨各专门农业学会年会上的演讲，原载1958年12月8、9日台北《"中央"日报》和《新生报》）

终身做科学实验的爱迪生

今天2月11是爱迪生的一百十三年纪念日。明天2月12是林肯的一百五十一年纪念日。去年2月12日,我参加林肯一百五十年纪念演说。今天我很高兴能参加爱迪生一百十三年的纪念会。

林肯是自由的象征,爱迪生是科学的圣人。

科学的根本是实验。爱迪生真是终身做实验的工作。他十一岁时就在他家里的地窖子里做化学试验;十二岁时他在火车上卖报纸卖糖果,他就在火车的行李车上做他的化学实验。十五岁时,他开始学电报,就开始做电学实验,要改进电报的器材与技术,从此他就终身没有离开电学试验了,就给电学开辟了新天地,给世界开辟了新文明,给人类开辟了一个簇新的世界。

从十一岁开始做科学实验,直到他八十四岁去世,他整整做了七十三年的实验工作。所以我们称他做终身做实验的科学圣人。

他每天只睡四个钟头的觉,至多只睡六个钟头。他每天做十几个钟头的工作,他的一天抵别人的两天。他做了七十年的实验,就等于别人做了一百四十年的实验工作。

中国的懒人,有两首打油诗,一首是懒人恭维自己的:

无事只静坐,一日当两日。
人活六十年,我活百二十。

还有一首是嘲笑懒人的:

无事昏昏睡,睡起日过午。
人活七十年,我活三十五。

睡四点钟觉,做二十点钟科学实验,活了八十四岁,抵的别人一百七十岁——这是科学圣人的生活。

在New Jersey的West Orange的爱迪生实验室里——现在是"国家的爱迪生纪念馆"的一部分子,——保存着二千五百册他的实验纪录,每册有二百五十页,或三百页。最早的一册是他三十一岁(1878年)的纪录。

单是"白热电灯"的种种实验,就记满了二百册!他用了几千种不同的材料来试验——各种矿物、金属,从硼砂到白金,后来又试验炭化绵丝,居然能延烧四十多个钟头,——后来又试验了几百种可以烧作炭精丝的植物,——最后才决定用日本京都府下的八幡地方所产的竹子做成最适用的炭精丝电灯泡。

科学实验是发现自然秘密,证实学理,解决工业技术问题的唯一方法。

在他八十岁时,有人请问他的生活哲学是什么,他说,他的生活哲学只有一个字:"工作"(work),"把自然界的秘密揭开来,用它们来增加人类的幸福,这样的工作是我的生活哲学"。

他的实验并不都是创造的,空前的。但他那处处用严格的实验方法来解决工业问题的精神,他那终身作实验的精神,他那每次解答一个问题总想做到最好最完美(Perfect)的地步的精神,他那用组织能力来创大规模的工业实验室与研究所的模范,可以说是创造的,空前的(现今美国有四千个工业研究实验所,都可以说是仿效爱迪生的实验室的)。

他的绝大多数的实验与发明(他一生得到专利权的发明有一千一百件),都是用前人的失败与成功做出发点的。他说:

每回我要发明什么东西,我总要先翻读以前的人在那个问题上做过了的工作(图书馆里那些书正是为了这个用处的)。我要看看以前花了大工夫,花了大经费,做出了一些什么成绩。我要用从前人做过的几千次试验的资料做我的出发点,然后我来再做几千次试验。

这是他做实验的下手方法。
他在1921年1月曾说:

我每次想做一件尽善尽美的工作,往往碰到一座一百尺高的花岗石的高墙。碰来碰去,总过不了这百尺高墙,我就转到别的一件工作去用功。有时候,——也许几个月之后,也许几年之后,忽然有一天,有一件什么东西被我发明了,或是别人发明了,——或者在这世界的某一个角落,有一件新事物出现了,——我往往能够认识那件新发明可以帮助我爬过那座高墙,或者爬上去几十尺。

我从来不许我在任何情形之下感到失望。我记得,我们为了一个问题做了几千次实验,还没有能够解决那个问题。我们的一个同事,在我们最得意的一次实验失败之后，就灰心了，就说，我们不会找出什么来了。我还是高高兴兴的对他说，"我们不是已经找出了不少东西了吗？"我们已经确实知道这条路是走不通的了，以后我们必须另走别的路子了。只要我们确已尽了我们最大的思考与工作的努力，我们往往可以从我们的失败里学到不少的东西。

这是爱迪生作科学实验，经过几千次失败而永不灰心失望的精神。

他在十二三岁时，耳朵就聋了。他一生是个聋子，但他从不因此减少他工作的努力。他在七十八岁时（1925），曾有一篇文字说他的耳聋于他只有好处，于世界也只有好处。他说：

> 因为我成了个聋子，我就把Sesroit的公立图书馆做我的避难所。我从每一个书架的最低一层读起，一本一本的读，一直读到最上一层。我不是单挑几本书读，我把整个图书馆都读了。后来我买了一部Swoin出版的最廉价的百科全书，我也从头到尾全读了。……

他还说两三个笑话：这是耳朵聋给他自己的恩惠。他还说,他费了多年心力去发明,制造留声机,"别人听了满意了,我总不满意,总想设法改善到最完美的地步,——这也是因为我是个聋子,我能听别人不能听见的音乐声音"。他还说,Bell发明了电话机,他听了总觉得声音太低、太弱,他听不清,所以他想出种种改良方法,把电话改良到他听得清楚才满意。他的改良部分(炭素传声器)(Carbon Transmitter)后来卖给Bell,就使电话大改善。

后来我被选作一个商业组织的会员,常常参加他们的大宴会,往往有许多演说,我耳聋听不见演说,也不免感觉可惜。有一年,他们把宴会的演说印出来了,我读了那些大演说之后,从此就不感觉耳聋是可惋惜的了。……有一天,有一位社会改良家到新新大监狱去向监中囚犯大演说。有一个犯人听了半点钟,实在受不了,就大喊起来。管监的人一拳打去,把那犯人打得晕过去了。过了半点钟,他醒过来了,演说家还在讲。那犯人走过去,对管监的说:"请你再打一拳,把我打晕过去罢!"

前些日子,我在报上看到某一位科学家发明了一种短时间的麻醉药,我脑子里就想,这种麻醉药是蛮有用的:在大宴会的演说开始之前,听演说的客人每人吃点麻醉药,倒是蛮有用的。

这是这位科学大圣人的风趣。这样一位圣人是很可爱的。

（本文为1960年2月11日胡适在台北国际学舍爱迪生生日纪念会上的演讲,原载1960年2月12日台北《"中央"日报》、《公论报》）

科学发展所需要的社会改革

"科学发展所需要的社会改革",这题目不是我自己定的,是负责筹备的委员会出给我的题目。这题目的意思是问:在我们远东各国,社会上需要有些什么变化才能够使科学生根发芽呢?

到这里来开会的诸位是在亚洲许多地区从事推进科学教育的,我想一定都远比我更适合就这个大而重要的题目说话。

我今天被请来说话,我很疑心,这是由于负责筹备这个会议的朋友们大概要存心作弄我,或者存心作弄诸位:他们大概要我在诸位的会议开幕的时候做一次Advocatus Diaboli,"魔鬼的辩护士"[1],要我说几句怪不中听的话,好让诸位

---

[1] 译者注:"魔鬼的辩护士"是中古基督教会的一种制度。中古教会每讨论一种教义,必要有一个人担任反驳此种教义,让大众尽力驳他。

在静静的审议中把我的话尽力推翻。

我居然来了,居然以一个"魔鬼的辩护士"的身分来到诸位面前,要说几句怪不中听的话给诸位去尽力驳倒、推翻。

我愿意提出一些意见,都是属于智识和教育上的变化的范围的——我相信这种变化是一切社会变化中最重要的。

我相信,为了给科学的发展铺路,为了准备接受、欢迎近代的科学和技术的文明,我们东方人也许必须经过某种智识上的变化或革命。

这种智识上的革命有两方面。在消极方面,我们应当丢掉一个深深的生了根的偏见,那就是以为西方的物质的(material)、唯物的(materialistic)文明虽然无疑的占了先,我们东方人还可以凭我们的优越的精神文明(spiritual civilization)自傲。我们也许必须丢掉这种没有理由的自傲,必须学习承认东方文明中所含的精神成分(spirituality)实在很少。在积极方面,我们应当学习了解、赏识科学和技术决不是唯物的,乃是高度理想主义的(idealistic),乃是高度精神的(spiritual);科学和技术确然代表我们东方文明中不幸不够发达的一种真正的理想主义,真正的"精神"。

第一,我认为我们东方这些老文明中没有多少精神成分。一个文明容忍像妇女缠足那样惨无人道的习惯到一千多年之久，而差不多没有一声抗议，还有什么精神文明可说？一个文明容忍"种姓制度"（the caste system）到好几千年之久，还有多大精神成分可说？一个文明把人生看作苦痛而不值得过的，把贫穷和行乞看作美德，把疾病看作天祸，又有些什么精神价值可说？

试想像一个老叫化婆子死在极度贫困里，但临死还念着"南无阿弥陀佛！"——临死还相信她的灵魂可以到阿弥陀佛所主宰的极乐世界去，——试想像这个老叫化婆子有多大精神价值可说。

现在，正是我们东方人应当开始承认那些老文明中很少精神价值或完全没有精神价值的时候了；那些老文明本来只属于人类衰老的时代，——年老身衰了，心智也颓唐了，就觉得没法子对付大自然的力量了。的确，充分认识那些老文明中并没有多大精神成分，甚或已没有一点生活气力，似乎正是对科学和技术的近代文明要有充分了解所必需的一种智识上的准备；因为这个近代文明正是歌颂人生的文明，正是要利用人类智慧改善种种生活条件的文明。

第二，在我们东方人是同等重要而不可少的，就是明白承认这个科学和技术的新文明并不是什么强加到我们身上的东西，并不是什么西方唯物民族的物质文明，是我们心里轻视而又不能不勉强容受的，——我们要明白承认，这个文明乃是人类真正伟大的精神的成就，是我们必须学习去爱好，去尊敬的。因为近代科学是人身上最有精神意味而且的确最神圣的因素的累积成就；那个因素就是人的创造的智慧，是用研究实验的严格方法去求知，求发现，求绞出大自然的精微秘密的那种智慧。

"真理不是容易求得的"（理未易察）；真理决不肯自己显示给那些凭着空空的两手和没有训练的感官来摸索自然的妄人。科学史和大科学家的传记都是最动人的资料，可以使我们充分了解那些献身科学的人的精神生活——那种耐性，那种毅力，那种忘我的求真的努力，那些足令人心灰气馁的失败，以及在忽然得到发现和证实的刹那之间那种真正精神上的愉快、高兴。

说来有同样意味的是，连工艺技术也不能看作仅仅是把科学智识，应用在工具和机械的制造上。每一样文明的工具都是人利用物质和能力来表现一个观念或一大套观念或概念的产物。人曾被称作Homo faber，能制造器具的动物。[1]文明正是由制造器具产生的。

器具的制造的确早就极被人重视，所以有好些大发明，例如火的发明，都被认作某位伟大的神的功劳。据说孔子也

---

[1] 译者注：语出法国哲学家。

有这种很高明的看法，认为一切文明工具都有精神上的根源，一切工具都是从人的意象生出来的。《周易·系辞传》里说得最好："见乃谓之象；形乃谓之器；利而用之谓之法；利用出入，民咸用之，谓之神。"这是古代一位圣人的说法。所以我们把科学和技术看作人的高度精神的成就，这并不算是玷辱了我们东方人的身分。

总而言之：我以为我们东方的人，站在科学和技术的新文明的门口，最好有一点这样的智识上的准备，才可以适当的接受、赏识这个文明。

总而言之，我们东方的人最好有一种科学技术的文明的哲学。

大约在三十五年前，我曾提议对几个常被误用而且很容易混淆的名词——"精神文明"（Spiritual civilization），"物质文明"（Material civilization），"唯物的文明"（Materialistic civilization）——重新考虑，重新下定义。

所谓"物质文明"应该有纯中立的涵义，因为一切文明工具都是观念在物质上的表现，一把石斧或一尊土偶和一只近代大海洋轮船或一架喷射飞机同样是物质的。一位东方的诗人或哲人坐在一只原始舢板船上，没有理由嘲笑或藐视坐在近代喷射机在他头上飞过的人们的物质文明。

我又曾说到，"唯物的文明"这个名词虽然常被用来讥贬近代西方世界科学和技术的文明,在我看来却更适宜于形容老世界那些落后的文明。因为在我看来那个被物质环境限制住了,压迫下去了而不能超出物质环境的文明,那个不能利用人的智慧来征服自然以改进人类生活条件的文明,才正是"唯物的"。总而言之,我要说一个感到自己没有力量对抗物质环境而反被物质环境征服了的文明才是"唯物"得可怜。

另一方面,我主张把科学和技术的近代文明看作高度理想主义的、精神的文明。我在大约三十多年前说过:

> 这样充分运用人的聪明智慧来寻求真理,来控制自然,来变化物质以供人用,来使人的身体免除不必要的辛劳痛苦,来把人的力量增加几千倍几十万倍,来使人的精神从愚昧、迷信里解放出来,来革新再造人类的种种制度以谋最大多数的最大幸福,——这样的文明是高度理想主义的文明,是真正精神的文明。[1]

这是我对科学和技术的近代文明的热诚颂赞——我在1925年和1926年首先用中文演说过并写成文字发表过,后来

---

[1] 译者注:这段引文的原文出处在适之先生的论文The Civilizations of the East and the West, 即俾耳德教授编的 *Whither Mankind*(1928, Longmans)的第一章。此篇的大意又见于收在《胡适文存》第三集的论文《我们对于西洋近代文明的态度》及另几篇文字。

在1926年和1927年又在英美两国演说过好几次,后来在1928年又用英文发表,作为俾耳德(Charles A.Beard)教授编的一部论文集《人类何处去》(Whither Mankind)里的一章。

这并不是对东方那些老文明的盲目责难,也决不是对西方近代文明的盲目崇拜。这乃是当年一个研究思想史和文明史的青年学人经过仔细考虑的意见。

我现在回过头去看,我还相信我在大约三十五年前说的话是不错的。我还以为这是对东方和西方文明很公正的估量。我还相信必须有这样的对东方那些老文明,对科学和技术的近代文明的重新估量,我们东方人才能够真诚而热烈的接受近代科学。

没有一点这样透彻的重新估量、重新评价,没有一点这样的智识上的信念,我们只能够勉强接受科学和技术,当作一种免不了的障碍,一种少不了的坏东西,至多也不过是一种只有功利用处而没有内在价值的东西。

得不到一点这样的科学技术的文明的哲学,我怕科学在我们中间不会深深的生根,我怕我们东方的人在这个新世界里也不会觉得心安理得。

(本文为1961年11月16日胡适在亚东区科学教育会议上的讲词,原为英文稿,徐高阮中译文载1961年12月1日台北《文星》杂志第9卷第2期)